これならできる!

初心者なら
株のデイトレで
お金を増やしなさい!

standards

はじめに ——
「今日利益がほしい」を実現させ得るデイトレード

デイトレード（デイトレ）は、名前の通りその日のうちに決済をする投資法です。1日の株価の変動を読み、株価を売買することで差益を狙います。資金があれば1日で数十万などの利益を上げることができますが、少額でも1日で数万円の利益を出すことができます。また、デイトレのほかにも「スイングトレード」という短期の投資法があります。分単位、時間単位で相場の変化を追うデイトレと違い、数日、数週間単位での値動きを予測して投資するため、会社員でも行いやすい手法です。

とはいえ、初心者が何も勉強せずに始めてしまうと、「上昇トレンドの終盤で高値掴みをしてしまった」といった失敗を起こします。お金を増やすためにデイトレを始めたのに、資産が減ってしまっては意味がありません。そこで、デイトレやスイングトレードで財を成した投資家や、銘柄の動きに詳しい識者に、初心者が実践すべきテクニックを教えてもらいました。

今回テクニックを教えてくれたのは、投資家として活躍するJACK氏、yasuji氏、ウルフ村田氏、川合一啓氏、矢口新氏、ようこりん氏。証券アナリストの藤本誠之氏です。さらに、巻頭では銘柄提案に定評のある熊谷亮氏の協力により、今後注目すべき銘柄を教えてもらいました。

そもそもデイトレとは何か？　どんな銘柄を買うべきか？　売買タイミングはいつか？　どのニュースに注目するべきか……。初心者がデイトレを始めるための基本的な知識から押さえておきたいポイント、手法や情報を得られるサイトを掲載しています。また、デイトレではときに分単位で売買の判断を行うため、冷静さを保つことが大切です。本書ではデイトレーダーが身に付けるべきメンタルの保ち方や、資産管理の考え方にも重点を置いて解説しています。

デイトレをこれから始める人にとって、本書がその少しでも本書が役に立つことができれば幸いです。

『初心者なら株のデイトレで
お金を増やしなさい！』編集部

JACK ［個人投資家］

サラリーマン投資家。IPO投資を中心に不動産やFX投資など手広く手がけ、2億円近くまでの資産を稼ぐ。

ブログ https://www.jack2015.com/

yasuji ［個人投資家］

投資歴50年以上のベテラン。中学3年生から元手5万円で株式投資を始め、1億円を達成した株式投資の達人。

ブログ https://hasehaseyasuji.fc2.net/

川合一啓 ［株式会社ソーシャルインベストメント 代表］

会社員をしながら元手200万円からトレードを開始。2017年〜2018年には年利300%超を達成。トレーダーの指導も行う。

ブログ http://traderkawai.com/

ウルフ村田（村田美夏） ［株式会社サクセスワイズ 代表］

投資歴30年以上。東京大学卒業後は銀行に勤め、その後30歳から専業トレーダーへ。株式投資で年収2億円以上の利益実績がある。

HP https://wolf-murata.jp/

矢口新 ［株式会社ディーラーズ・ウェブ 代表］

為替、債券の元ディーラー。プロとしての経験を活かし、「目の前で完結するトレード」の手法を指導している。

ようこりん ［個人投資家］

投資歴は10年以上、1億5000万円の資産を築く。優待投資やバリュー投資で知られるが、相場に応じてデイトレも行う。

ブログ https://ameblo.jp/youkorinn37/

藤本誠之 ［証券アナリスト］

「まいど！」のあいさつでおなじみ、投資家に真の成長企業を紹介する証券アナリスト。銘柄探しからデイトレまで精通している。

熊谷亮 ［株式会社クマガイサポート 代表］

短期的な上昇が期待される銘柄を予測するプロ。ヤフーファイナンス株価予想では、2012年、2013年にMVPを連続で受賞。本書では銘柄紹介のみでの参加

HP https://www.maestro-stock.com/

※『2022年版 株の稼ぎ技 短期売買』に掲載された、V_VROOM氏、伊藤亮太氏、叶内文子氏、立野新治氏、小池麻千子氏、戸松信博氏、メガヴィン氏、テスタ氏のテクニックを再編集して掲載しています

現役会社員が実現させた 億超えノウハウ！

語り手
JACKさん
投資歴30年以上。現役会社員として働きながら、株式を中心に投資を始め、累計2億円の利益を上げる。現在は不動産投資やFXにも着手。

2億円兼業トレーダー JACK氏に訊く！
〜生活日程から大勝負まで〜

「投資で稼ぎたいけど、仕事に追われてできない」「10年後の利益ではなく数カ月後の利益が欲しい」と考えている人必見。現役会社員としてIPO投資を中心に行い2億円の利益を上げたJACKさんに、兼業トレーダーとしての軌跡とそのノウハウを教えてもらった。

— Keyword

IPO投資　新規に上場される銘柄（IPO銘柄）への投資。IPO銘柄は、上場前に購入希望者の抽選が行われ、当選すれば公募価格で購入できる。当選後、上場後に株価が公募価格を超えたタイミングで売却して利益を獲得する。

株の失敗から IPOで80万の利益

——JACKさんは会社員として働くかたわら、IPO投資を中心とした短期的に利益を得る手法で投資を行い、投資開始から約15年で億り人になっています。兼業で成果を上げているのはすごいですよね。

ありがとうございます。

——JACKさんが投資を始めたきっかけは何だったのでしょうか？

　私が投資を始めたのは1987年。当時はまだ学生でした。親の勧めでNTT（日本電信電話）の株を購入したところ、2カ月くらいで株価は2倍近くになりました。バブル景気ということもあって早めに成功体験を積むことができ、そこから投資を続けました。

　当時のメインの手法は四季報のフライングです。四季報を定期購読すると発売日前日の夕方に届くので、増配した企業

四季報　▶　東洋経済新報社が発刊する季刊雑誌。上場企業の財務や業績などがまとめられており、毎年3月、6月、9月、12月の15日前後に発売される

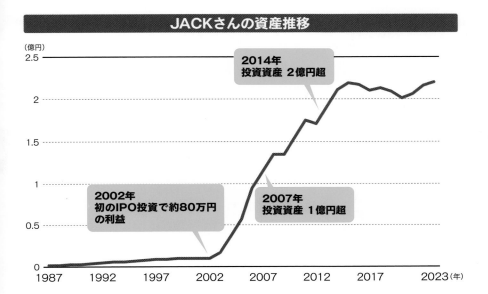

JACKさんの資産推移

（億円）

**2014年
投資資産 2億円超**

**2002年
初のIPO投資で約80万円
の利益**

**2007年
投資資産 1億円超**

1987　1992　1997　2002　2007　2012　2017　2023（年）

などがいちはやくわかります。今ではその手法は、通用しなくなったことから行っていませんが、当時はその手法を繰り返し、30代前半には資産が1000万円に増えました。

──順調に成功されたように思えますが、大きな失敗はなかったのでしょうか？

大変なのはその後でした。2001年の、あさひ銀行（現りそな銀行）での失敗です。当時、あさひ銀行は経営危機のうわさがあったのですが、大きな銀行は倒産しないだろうと考え、株価が下がり続けているなかでナンピンをしてしまったんですね。

しかし、株価の下落は止まらず、最終的に含み損が500万円に。かなり落ち込

んで、もう投資をやめたほうがいいのかとも考えました。

──巨額の損失を抱えると堪えてしまいますね。

そうした失敗を経た翌年、証券マンにIPO投資を勧められたんです。IPOというのは、新規株式公開のこと。つまり、新たに証券取引所に企業が上場するということです。

IPO投資は、上場前に抽選などで株式を購入し、上場後に売買することで利益を狙う手法です。

当時勧められた銘柄は、シンプレクス・テクノロジーという金融IT企業（現在のシンプレクスHD）。公募価格は19万2000円。

まだあさひ銀行の含み損を抱えていた

IPO投資の流れ

①口座開設
「幹事証券」と呼ばれるIPOを取り仕切る証券会社の口座を開設する

②申し込み
「何円で何株買いたいか」を申告（ブックビルディング）することで抽選に参加できる

③抽選
ブックビルディング後に公募価格が決定し、抽選が行われる

④当落の発表
当選後に購入可能。落選した場合も補欠抽選に申し込みが可能（テクニック173参照）

⑤上場
IPO銘柄が上場。公募価格以上の初値が付いた後に売ることで利益になる

※買付代金を入金するタイミングは「申し込み時」「抽選開始時」「当選発表後」など、証券会社によって異なる

ので、半ば投げやりな気持ちで買ってみました（笑）。「19万円が0円になることはないだろう」と。そしたら、上場後は99万9000円の初値が付いた。これだけで80万円近い利益です。考えられないですよね。

――たった1回のIPO投資で80万円の利益になったと？

そうなんです。まさにIPO投資に救われた気持ちでした。ここでIPO投資の魅力に気づき、投資スタイルがIPO中心になりました。

――IPO投資の魅力はどんなところにあるのでしょうか？

そうですね。シンプレクスで得た利益は極端ですが、今でも1回のIPO投資で20～30万円の利益を狙えます。

また、ネットで2～3分クリックするだけで抽選に申し込めるし、店舗型の証券会社なら昼休みや定時後に電話することで申し込めます。1週間ほどで抽選結果が出て、さらに1週間後に上場して初値が付く。兼業投資家からすると、申し込みさえすればほとんどほったらかしでいいんですよね。

余談ですが、昔は携帯電話のかけ放題プランがなかったので、昼休みにテレフォンカードを使って公衆電話で電話をかけまくっていました（笑）。

――抽選でも20～30万の利益がでるならやってみたいですね。

どんなにライバルが多くて、当選する確率が低かったとしても、IPOに申し込まないのは損だと感じます。

※テクニック166参照

多くの人は「どうせ当たらないから」といって諦めていますが、新規の人には当たりやすくなるような配分をしている証券会社もありますし、IPOのチャレンジポイントを家族で協力して貯めるというテクニック※もあります。店舗型の証券会社であれば、証券マンとの関係性を築くことで、当選の可能性を上げられるというケースもありますね。

そうしたテクニックも手間はかかるんですが、やれチャートだ、やれファンダだと考えなくても、申し込みの手数を増やせば可能性は上がります。

──IPO投資では「公募割れ」のリスクがあるのですが、対策はありますか？

確かに、公募価格よりも低い初値が付く「公募割れ」が起きる可能性は0ではありません。

ただ、店舗型の証券会社であれば、人気のない銘柄は逆に証券マンからの勧誘があります。「この度、上場する○○の申込みはいかがですか……？」と。そうした銘柄は避けてみるとか。

あとは、ヤフーファイナスの掲示板とかでも銘柄の人気度は推し量れますね。でも今はブログやTwitterに情報があふれているので、どの銘柄を避けるべきかの判断は難しくないです。

公募割れをしたとしても、セカンダリーで株価がリバウンドする可能性があります。常時、場を見れない兼業投資家の場合だと難しいかもしれないけど、

そこを狙って売買することも可能です（224ページ参照）。

──初値が付いてからもチャンスはあるということですね。

あとは、当選した、落選したにかかわらず、IPO銘柄の値動きを追って検証していくといいです。

落選した銘柄でも、いくらの初値が付いたかは必ずチェックします。初値は低いと予想したけど実際は高かったとか、その逆もあります。

そういった検証は自分の財産になりますね。

失敗を活かしてはじめて大きく稼ぐことができる

──2020年以降、NISAをはじめ投資が注目されて、株投資を始める人が増えました。そうした人たちが成功するにはどのようにすればよいでしょうか？

皆さん嫌がりますが、実は一度、痛い目に遭うことが大事だったりします。誰もがお金を減らしたくないんだけど、実際に体験しないと、そこから、どう立て直すとかの思考につながらないですよね。

私も人のことはいえないですが、5〜10万円の含み損が出ると、短期で取り返そうとして勢いみたいなトレードをする人が多くいます。

その勢いみたいなトレードで勝てたとしても長くは続きません。

セカンダリー　▶ 上場後に投資家間で株式を売買すること

──どうしてでしょうか?

　勝つための手法を模索することなく、なんとなくのトレードで「リカバリーできるんだ」と考えてしまうからです。それが続くと投資家として成長できないまま大きな損失を出し、最悪の場合、退場するケースもあります。

──**あまり考えないトレードで勝ってしまうと長期的には負けてしまうと……。**

　こんなこといったら怒られそうですが。損しないと大金持ちにはなれないと思います。

　ただ、失敗する度に資産は減ってしまうので、投資資金と余裕資金は別に確保しておかないといけないですよね。100万円でスタートして80万円、70万円と減っていくとなかなか厳しくなると思うので。

ひとつの手法では
長く続かない

──**投資歴30年以上のJACKさんから見て、成功する投資家の共通点は何かありますか?**

　「大失敗を経験」「自分なりの必勝法や勝ちパターンがひとつ以上ある」「一度は大勝負を経験」の3つです。

　最初の2つはもう話しましたがおさらいすると……大失敗を経験して、そこから「なぜ、大損を

したのか」「どうすればよかったのか」「何が自分に合ったトレードなのか」を考えられるようになるんですよね。

　もっというと、いつも同じ手法が通用するというとは限りません。例えばIPOでは、突如、当選の可能性が大きく下がるケースも多々あります。また、2008年のリーマンショック後には、そもそもIPOのリリースがなくってしまいました。

　そんなとき、例えばリーマンショック後は株価が大きく下がっていたから、バリュー株、高配当株とか優待銘柄を買ってみる手がありました。あと、IPOに似た制度としてPO（公募増資）などもあります。

　どんな相場でもどんな地合いでも儲けている人がいるので、それを探っていく。手法探しの一環として、この本のテクニックを読んでいくといいかもしれませんね。

──**ひとつの手法にこだわらずにトレードをすると?**

　ただ、私自身、いろいろな投資家からワザを聞くのですが、「自分には難しい。真似をできないかな。」と思うものもあ

"実際に失敗を体験しないと、そこからどう立て直すかの思考につながらない"

| バリュー株・高配当株 | ▶ バリュー株は、企業の価値と比べて株価が割安な銘柄。高配当株は、投資額に対して受け取れる配当金の割合が高い銘柄。一般的に利回りが3%を超えれば高配当とされる |

成功する投資家の3つの条件

①大失敗を経験

自分に合ったトレードを追求するようになる

②自分なりの必勝法や勝ちパターンがひとつ以上ある

どんな相場でも稼げるよう新しい手法を探索する

③一度は大勝負を経験

資産を成長させるチャンスでは資金を大きく動かす

3つ揃って"億越え"の投資家へ近づく

ります。どういう仕組みで儲かるのかがわからないものは、無理に真似しないほうがいいです。

「億越え投資家」へのステップは大勝負

――3つ目の項目、「一度は大勝負を経験」というのは少し意外です。

　私もそうですが、特に初心者の方は、損失が怖いからコツコツ利益を積み重ねていく傾向が強いです。でも、どこかでドカンと損失を出す。この現象は、「コツコツドカン」と呼ばれていますが、本当にあるあるです。勝率なんて4勝6敗、3勝7敗でも最終的にパフォーマンスがプラスならば問題はありません。仮にドカンとやられても、ドカンと取れる

ようなタイミングで大勝負ができればいい。

――「大勝負」とは、具体的にどういったシチュエーションが考えられるのでしょうか？

　大暴落のときにドンとお金を使って買ったり、強気の上昇相場のときに買い増しをして大きな利益を狙う状況ですね。日ごろの売買ではよく「リスク分散のための3回に分けて買え」といっているんですが、大勝負のときは1回で買って挑戦するとか。

　よく「大勝負に負けたらどうするんですか？」と聞かれるんですけど、0からのスタートです（笑）。

　もちろん、投資資金と余裕資金を分けておくことは大前提ですよ。

PO（公募増資）　　▶ すでに上場した企業が、資金調達のために新しく株式を発行すること

"給与収入という強みを活かせるので兼業投資家は勝負を行いやすい"

借金をしないと大勝負できない、というのは、大勝負するにはまだ早い段階だと思います。

──大勝負ができるかできないかは、「そこそこ稼げる人」と「大きく稼げる人」の境目になるイメージでしょうか?

そうですね。自分の周りの30代、40代の投資家を見ると皆さん大勝負によるターニングポイントがあるといっています。

また、大勝負中はメンタルも鍛えられます。大きな金額が動いているので株価が気になる人が多いです。

──ご自身は、大勝負中は値動きを忘れて平常心を保てるのでしょうか?

……やっぱり気になります。顔に出る傾向が強いのか、自身は含み益の状態だと会社で「今日は元気がいいですね」、含み損だったら「今日は体調悪そうですね」といわれますし。

──ただ、大勝負を何度も経験した人と、はじめて大勝負を行う人とでは、心持ちが変わりそうですね。

かなりの金額を入れると、みんなビビ

ると思うんですよね。

ただ、兼業投資家の人は給与収入があるので、大勝負で敗れたとしても致命傷を負わない。そこは、専業投資家にはない強みですよね。余裕資金に加えて給与収入という強みを活かせるので、兼業投資家は勝負を行いやすい。

投資に使う時間は 最低でも週2日は確保

──兼業投資家は、日中の仕事と投資のバランスを取る必要がありますよね。JACKさんはいつ投資に時間を使っているのでしょうか。

情報収集は土日に行っていますが、平日も情報に目を通しています。日本証券新聞という新聞を取っているんですが、前日の株式の値動きや決算状況が書かれているので重宝しています。残業が多かった日も、翌日の新聞で情報を拾える。新聞で得た情報をもとに、通勤時間に値動きを検証したりトレードすることができる。

帰宅時間は、東証の開示情報やブログ、Twitterを見て状況を把握しています。平日は慌ただしいけど、2〜3時間はやりくりしています。

休日は、投資書籍や雑誌、レポートなどを読みます。1項目でも参考になることがあればラッキーですし。

──少しでも投資のヒントになる情報を探しているんですね。

JACKさんの1日（平日・休日）

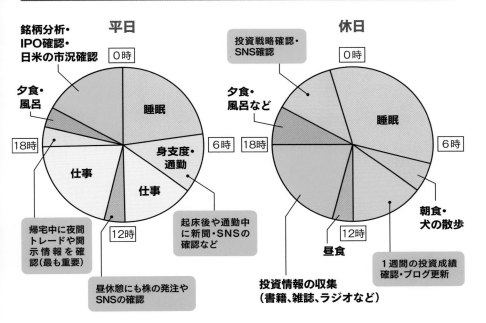

平日

- 銘柄分析・IPO確認・日米の市況確認
- 夕食・風呂
- 睡眠
- 身支度・通勤
- 仕事
- 仕事
- 0時
- 6時
- 12時
- 18時
- 帰宅中に夜間トレードや開示情報を確認（最も重要）
- 起床後や通勤中に新聞・SNSの確認など
- 昼休憩にも株の発注やSNSの確認

休日

- 投資戦略確認・SNS確認
- 夕食・風呂など
- 睡眠
- 朝食・犬の散歩
- 0時
- 6時
- 12時
- 18時
- 昼食
- 投資情報の収集（書籍、雑誌、ラジオなど）
- 1週間の投資成績確認・ブログ更新

　とはいっても、毎日この作業を行えるわけではありません。残業や飲み会で時間をつくれない日もあります。そういうときは、週のうち2日は投資の時間を確保するようにしています。どんなに忙しくても、平日の5日すべてに遊びや仕事を入れることはないよう調整しています。

──そうした作業が面倒に感じることはあるのでしょうか？

　時間をかけた分、結果が得られるから続けているんですよね。結果が出なかったら別の投資に方法を変えていると思います。「そんなに時間を取らないといけないのか」と思う方もいるかと思うんですが、「やってみて1万円、2万円増えるなら試してみようかな」と考えられたらいいですよね。

　子育てや介護とか、あるいは、仕事で忙しい場合は、「スキマ時間で何ができるのか？」を模索することも大事だと思います。

"時間をかけた分
結果が出るから
続けている"

銘柄選びならお任せ！

特選！デイトレ

推奨銘柄
Collection

暴騰期待の銘柄をスペシャリストが提案！

2023年5月、3万円台を突破したことで注目を集めた日経平均株価。この勢いにのってデイトレを行いたいが、具体的にどの銘柄を選ぶかで悩んでしまいがち。ここでは、デイトレ銘柄に精通した2人が教える注目銘柄を一挙公開！

銘柄提案の
プロフェッショナル

株式会社クマガイサポート
代表取締役
熊谷亮さん

短期的な上昇が期待される銘柄を予測・推奨するプロ。ヤフーファイナンス株価予想では、2012年、2013年にMVPを連続で受賞

年利300%超の
凄腕トレーダー

株式会社ソーシャルインベストメント
取締役CTO
川合一啓さん

会社員をしながら元手200万円からトレードを開始。2017年～2018年には年利300%超を達成。トレーダーの指導も行う

DATAの読み方

銘柄ごとに4つのDATAを掲載！　数字の読み方をマスターして銘柄を選ぼう

PER

割安さを測る株価指数。株価をEPSで割ったもの。一般的に、15倍より低ければ割安とされている

PBR

資産価値が割安か割高かを示す指数。株価をBPSで割ったもの。1倍で株価と資産が同水準とされる

EPS

1株あたり純利益。純利益を発行済株式数で割ったもの。金額が多いほど稼ぐ力があるとされている

BPS

1株あたり純資産。純資産を発行済株式数で割ったもの。数値が大きいほど安定性が高いとされている

※2023年7月13日時点の情報をもとに銘柄情報を掲載。チャートはすべて日足、PERは連結決算の数値を掲載。各識者の意見にもとづいた予想をまとめています。株価が上がることを保証したものではありません

東証スタンダード／輸送用機器

東京ラヂエーター製造 (7235)

750円前後

500円台

	DATA	
株価	**527円**	
時価総額	**75.8億円**	
PER	**9.01倍**	EPS **58.5円**
PBR	**0.29倍**	BPS **1844円**

「嫌気売り」からのＶ字回復に期待できる

トラック向けのラジエーター、クーラーを製造する企業。2023年2月、親会社のマレリは、経営難から脱却するため東京ラヂエーター製造の保有株売却意向を発表。市場ではMBOや他社によるTOB実施への期待が先行していたが、実際は東京ラヂエーター製造が自社で株を買い取ると発表され、市場の期待が下落。株価は750円前後から500円台へ下落した。しかし同社の業績は好調のため今後は業績・株価のＶ字回復が予想される。

熊谷亮はこう読む！

レンジ相場に沿って、500円～520円で買い、560円前後での売却に期待できる。2023年4月3日の高値577円を明確に上抜けたら上昇トレンドに移行する可能性大

東証スタンダード／電気機器

ASTI (6899)

5月11日
高値3460円

	DATA	
株価	**3070円**	
時価総額	**102.6億円**	
PER	**6.4倍**	EPS **479.8円**
PBR	**0.46倍**	BPS **6746円**

半導体不足と嫌気売りで割安状態

ワイヤーハーネスなど車載用電装品の製造がメイン。半導体不足の影響によって生産数が限定され、割安に放置されている。また、2024年3月期の業績予想が減収減益となったことから、3200～3400円台だった株価が2800円台まで下落した。しかし、予想PERは5.8倍、実績PBRは0.41倍と非常に割安。今後、好決算発表・業績予想の上方修正があれば、最高で6745円前後までの株価上昇が期待される。

熊谷亮はこう読む！

業績予想の減収減益はあくまで小幅であり、上方修正の期待もあります。ボックス相場でトレードしつつ、2023年5月11日高値の3460円を抜ければ上昇トレンドに期待できます

MBO・TOB ▶ MBOは経営陣などによるM&Aの一種。TOBは、証券取引所外で不特定多数に株式が売買されること。いずれも株価にプレミアムを上乗せした価格で売買されることが多い

日本冶金工業 (5480)

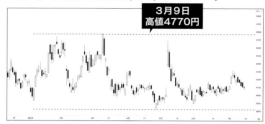

3月9日
高値4770円

DATA		
株価	4105円	
時価総額	638.4億円	
PER	4.72倍	EPS 869.5円
PBR	0.77倍	BPS 5324.8円

低PER、低PBR、高配当利回り銘柄

ステンレス専業大手。AIなど新しいテーマは新規参入が多く競争が激しいが、金属関係などのオールドエコノミーは占有率が高く狙い目だ。同社は2022年8月、業績予想の大幅な上方修正により2000円台から4000円台に暴騰し、高値圏でのもみ合いが継続中。今後も下値3800円前後、上値4600円前後でのレンジ相場が続くと考えられ、この値幅内でトレードしたい。好決算発表・業績予想の大幅な上方修正があればより上昇するだろう。

熊谷亮はこう読む！

割安さが解消され、3月9日の高値4770円を終値で上抜けた場合、株価が5320円まで上がると期待できます。5SMAを終値で割り込んだときに利確するとよいでしょう

ウェルスナビ (7342)

2022年8月
高値2310円

DATA		
株価	1410円	
時価総額	678.9億円	
PER	362倍	EPS 3.9円
PBR	6.21倍	BPS 227円

黒字転換を果たした新NISA制度関連銘柄

ロボアドバイザー活用した全自動の資産運用サービス「WealthNavi（ウェルスナビ）」をオンラインで提供する企業。2024年1月開始の新NISA制度に備え、積立投資枠対応などシステム開発を本格化している。赤字だった決算は2022年12月期決算で黒字化。2022年12月期末時点での預かり資産額は、前期実績6345億円から7197億円へ増加。日本株の急上昇からの良好な市場環境が今後の業績を後押しする可能性がある。

熊谷亮はこう読む！

下降トレンドが続きましたが2023年6月以降は株価2000円まで徐々に上昇すると考えられます。25SMAに接したら買い、買い値から10％上昇での利益確定がおすすめです

AI ▶ 人工知能。ビジネスにChatGPTなどのAI技術を用いることで、事業の効率化や革新的な事業の創出が期待されている。ChatGPTの関連銘柄はテクニック066を参照

東証スタンダード／証券・商品先物取引

トレイダーズHD (8704)

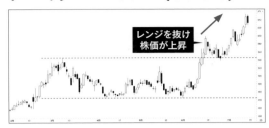

レンジを抜け
株価が上昇

DATA			
株価	648円		
時価総額	186.6億円		
PER	5.81倍	EPS	111.4円
PBR	1.55倍	BPS	416.9円

東証スタンダード市場の人気銘柄

金融事業とITテクノロジーサービスをグループの中核事業として展開する企業。FXやオプション取引、暗号資産CFDをオンラインで提供するトレイダーズ証券も事業の一環。6期連続増収、3期連続増益と業績は好調。株価は、2022年12月〜2023年3月まで急上昇していたが、その後は調整相場に移行しレンジ相場に突入。2023年6月にレンジを抜け上昇した。上昇が落ち着いて再びレンジに入れば、底値で買って高値で売ろう。

熊谷亮はこう読む！

一定の流動性が保たれており、かつ大型株ほど小さな値幅ではないため、売買しやすい銘柄です。レンジを形成したら、底値で買って高値で売るのがおすすめです

東証グロース／情報・通信業

tripla (5136)

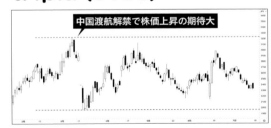

中国渡航解禁で株価上昇の期待大

DATA			
株価	2392円		
時価総額	128.3億円		
PER	65.9倍	EPS	36.3円
PBR	15.1倍	BPS	158円

インバウンド需要を狙うならこの銘柄

ホテル・旅館などへ宿泊予約サイトを提供する企業。英語をはじめ、韓国語や中国語など多言語に対応しており利用施設が増加。ネット事業は実店舗を持つ会社と比べて固定費が嵩みづらいため、売上増が利益に直結しやすい。今後はインバウンドが回復していること、円安の状態であることから、外国人観光客が増加し、ホテル・旅館からのニーズも増加すると考えられる。中国での渡航が解禁されればニーズは一層増えるだろう。

川合一啓はこう読む！

2023年5月30日に2167円の安値を付けました。3000円ほどまで上昇できると考え、安いところで拾い、高値で売るトレードを狙えると考えています

SMA ▶ 単純移動平均線。テクニカル指標のひとつで、一定期間内の株価の終値の平均をつないだ折れ線グラフ。トレンドや株価の方向性がわかる。テクニック090,100参照

スターティアHD (3393)

利確ポイント

1100円台の支持線

DATA	
株価	1284円
時価総額	129.3億円
PER	9.59倍
EPS	133.9円
PBR	2.1倍
BPS	609.6円

過去最高益を叩き出すも未だ割安

中小企業向けに複合機などIT機器の販売保証を提供する企業。2023年3月期の決算では、前期比で売上＋24.9％、営業利益＋400％、経常利益＋233.1％の最高益を達成した。さらに、2022年3月期には14円だった年間配当額が、2022年3月期に41円へ増配。2024年3月期には47円を予定している。安定して成長しているにもかかわらず株価は下落気味のため上昇が見込まれる。上昇トレンドに合わせてトレードを行い利益を重ねたい。

川合一啓はこう読む！

1000円〜1100円台に支持線があります。支持線付近で買って、直近高値である1500円で売ることができればよいでしょう。配当が高いため、長期保有も一手です

アクセル (6730)

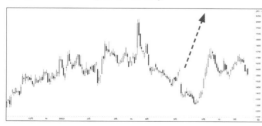

DATA	
株価	1591円
時価総額	175.1億円
PER	15.7倍
EPS	101.1円
PBR	2.6倍
BPS	1065円

パチンコ台の入れ替えにより需要が拡大

2022年11月以降、パチンコ業界ではパチンコ玉やメダルに直接触れることなく遊戯を行う「スマートパチンコ」への移行が始まっている。アクセルは主に描画表示、音声用LSI（電子回路部品）を扱い、その大半が、スマートパチンコを含むパチンコ・パチスロ機器に使用されるため、今後の需要の高まりに期待できる。2023年3月期の決算では、前期比で売上が＋35.7％、営業利益が＋92.4％、経常利益が＋81％と好調。

川合一啓はこう読む！

直近高値である2000円まで上昇すると考えられます。1500円台で購入し、2000円に届くまでの上昇過程で利益を狙えるでしょう

支持線　▶　過去の安値を結んだ線のこと。株価が下落した際、支持線で下落が停止することが多く、値動き予測の目安となる

｜ 本書の使い方 ｜

　掲載テクニックは章ごとに「基本」と「応用」に分かれており、執筆いただいたトレーダー・アナリストの名前を掲載しています。記載がないものは『2022年版 株の稼ぎ技 短期売買』に掲載された、V_VROOM氏、伊藤亮太氏、叶内文子氏、立野新治氏、小池麻千子氏、戸松信博氏、メガヴィン氏、テスタ氏などの提供による現在でも有用なテクニックを、データを更新して再編集しました。ページ下部の欄外では、用語の解説を行っています。また、時折２つのアイコンを掲載しています。特定の時期にのみ有効なテクニックは「時事」。有用なテクニックではありつつも損失リスクがあるものは「リスク大」としています。

基本／応用

一般的に使われているセオリーを基本ワザ、基本ネタからステップアップしたテクニックを応用ワザとしています

執筆者名

アイコン

📺 **時事**
特定の時期に有効なテクニック

⚠ **リスク大**
有用ではあるが損失を追う可能性があるテクニック

用語解説

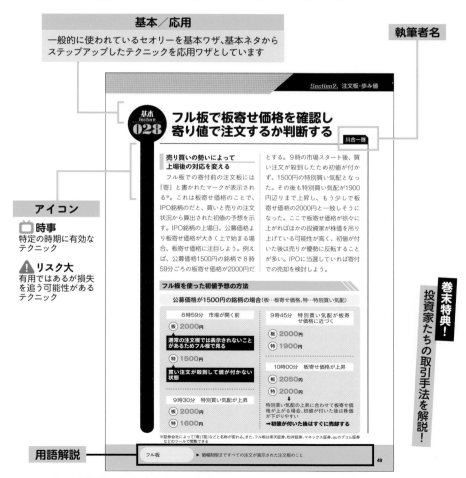

巻末特典！
投資家たちの取引手法を解説！

※『2022年版 株の稼ぎ技 短期売買』に掲載された、V_VROOM氏、伊藤亮太氏、叶内文子氏、立野新治氏、小池麻千子氏、戸松信博氏、メガヴィン氏、テスタ氏のテクニックを再編集して掲載しています

contents

Section3. 銘柄選択

Section4. チャート・テクニカル

Section5. ファンダメンタルズ

Section6. 制度

Section7. 資産管理・メンタル

【免責】
株式投資はリスクを伴います。本書で解説している内容は、個人投資家やアナリストの方々が使う手法・知識をテクニックとして収録したものですが、投資において絶対はありません。本書で掲載しているテクニックに対して意見するものの意見は、掲載テクニックに対してのものです。他の識者・投資家の掲載テクニックに対して意見するものではありません。製作、販売、および著者は投資の結果によるその正確性、完全性に関する責任を負いません。実際の投資はご自身の責任でご判断ください。本書は2023年7月時点の情勢を元に執筆しています。

デイトレードの基本

デイトレードには、中長期投資にはない
「短期間で稼ぐ」という強みがある。
時間帯別の戦略、デイトレードに向いた銘柄の見つけ方、
信用取引の仕組みなどを知って"稼げる"トレーダーを目指そう。

売買の判断はローソク足の値動きを把握することから

矢口新

複数の情報を視覚的に伝えるローソク足

1本のローソク足には「4本値と陰陽線」という多くの情報がつまっている。

4本値とは、始値（寄値）、高値、安値、終値のこと。始値が終値より安いと（価格が上げると）実体が白い陽線として描かれ、反対だと（価格が下げると）実体が黒い陰線で描かれる※。

そして、高値、安値が始値、終値からはみ出ると、それぞれ上ヒゲ、下ヒゲとして描かれる。

図を見てもらえるとわかるが、1本のローソク足を見るだけで、その期間内の値動きが判断できるのだ。

さらに、複数のローソク足を見る際は、「高値が切り下げている」「安値が切り上げている」などの動きが理解できると、デイトレでの売買タイミングの判断の助けになる（テクニック075参照）。

ローソク足からわかる4つの価格と推移

陽線の場合

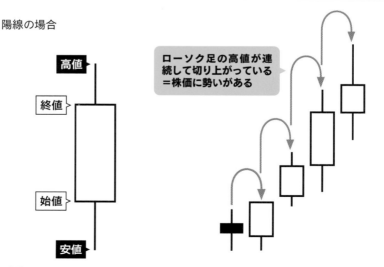

高値

終値

始値

安値

ローソク足の高値が連続して切り上がっている＝株価に勢いがある

※ただし、ローソク足の色はツールによって「赤色（陽線）と青色（陰線）」などの組み合わせで表される場合もある

基本 lecture 002

いかに「環境」を考えず技術的に デイトレできるかが大事

矢口新

「目の前で完結する取引」は 環境のリスクが排除できる

仮に相場が必ず右肩上がりを継続するなら「中長期投資を行えば利益を増やせる」と断言できる。とはいえ、現実的に株価が右肩上がりになるには、「人口の増加」「経済の成長」「マネーの増加」といった前提が必要だ。しかし、2021年末まで右肩上がりだった米国株は、2022年以降の金融引き締めによって上記

3つの要素のうち「マネーの増加」が崩れ、その影響で相場が崩れてしまった。中長期投資は、こうした環境に左右されやすいといえる。

一方、デイトレでは環境にかかわらず自分の技術だけで収益が狙える点が大きなメリットだ。この点を意識することで利益を上げやすくなる。特に、時間を置かず「目の前で完結させる」トレードであるほど環境のリスクを排除できる。

基本 lecture 003

デイトレで買った銘柄は その日に必ず決済する

時間足を延ばさず 持ち越さない

デイトレのメリットは、細かく売買することによって持ち越しリスクを抑えたり、相場の急変リスクを回避できることだ。そのメリットを最大化するためには、時間軸を延ばさないことが大事。

デイトレのつもりで買った銘柄を損切りできず、つい持ち越してしまう人は多い。これは損失が膨らむ大

きな原因だ。持ち越すことで相場の急変に巻き込まれるリスクも抱えてしまう。そのため、デイトレと決めたのであれば、その日のうちに決済する。

自分のイメージと違う値動きをしたら、一度撤退して仕切り直す。デイトレでは、それをあたり前にできるようになることが大事だ。

マネーの増加　▶　金融緩和政策などによって市場に資金が市中に流通し供給されることであり、その資金が物価や株価を押し上げる

スイングで保有する理由を明確にする

上方修正や黒字化といった自分なりの考えを重視

デイトレが「その日のうちに決済する」という時間的なルールを重視するのに対して、スイングは保有期間の幅が広い。決済するかどうかの判断も、1週間で売ろうといった時間的な要素よりも保有した理由や狙いが実現するかどうかが大切だ。

買う人はみんな値上がりすると思って買っている。材料が出る、上方修正が出る、黒字化するといった自分なりのストーリーを思い描いている。重要なのは、そのストーリーが実現しそうかどうか確認すること。情報収集を重ねることで実現性を見る精度が高まる。仮に買値より下がったとしても、ストーリーを覆すような悪材料がないのであれば我慢したほうがよいときも多い。

スイングのイメージ

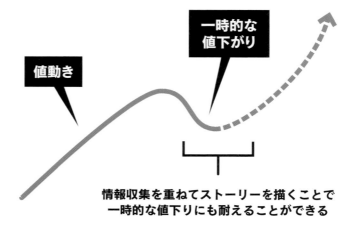

値動き

一時的な値下がり

情報収集を重ねてストーリーを描くことで
一時的な値下りにも耐えることができる

基本
lecture
005

時間帯によって
値動きの方向が見える銘柄がある

■ 大きな資金が入る銘柄に
投資して利益を得る

寄付で出来高ができると9時30分ぐらいには相場が落ち着くことが多い。だが、その後の時間帯にも注目すべき銘柄がある。

前場でポジションを閉じようとする向きが多ければ11時前から売られる。また、大引けまでにポジションを閉じるなら14時ごろから売られる傾向にある。その反対をつき、10時30分ぐらいから株価が上昇し始めた銘柄を狙いたい。

機関投資家の注文は10時から入ることも多く、また時間を分けてVWAP取引（テクニック118参照）で入ってくるケースもある。そうした銘柄は、時間をかけて大きな資金が入ってくる可能性が高いので、数日間かけての取引もしやすい。

売買されやすい時間帯

8:00	注文受け付け開始
9:00	取引開始（前場の寄付）
10:00〜10:30	機関投資家やVWAPの注文により大きい資金の買いが入りやすい
11:00	前場でポジションを閉じようとする動きが多ければ売りが多くなる
11:30	前場が終了

12:05	注文受け付け開始
12:30	取引再開（後場の寄付）
14:00	大引け前の売りが入りやすくなる
15:00	取引が終了（大引け）

VWAP取引　▶　VWAPを基準にした価格で取引すること。証券会社を直接の取引相手としているため、売買成立の可能性が高い傾向にある

朝一で売られた銘柄は
日中ヨコヨコのときに買う

■ 日中ヨコヨコになってから戻りそうな銘柄を狙う

相場は9時から15時まで開いているが、値動きが大きくなりやすいのは、相場が開いた9時から9時半くらいまでと、相場が閉まる15時前。悪材料が出た銘柄などは寄付から売られて大きく下がる。

ただし、いったん下げた後、日中、安値付近でヨコヨコ（株価が横ばいで推移している状態）の動きとなった銘柄は、売りたい人が一巡したと判断できる。

そのような銘柄は、15時までに少し戻る可能性があるので、逆張りで入るのも手。

ポイントは、日中のヨコヨコの時間の長さ。長ければ長いほど、株価が下りづらくリスクを抑えながらリバウンド（リターン）が狙える。

安値付近で逆張り

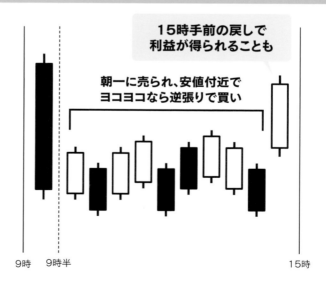

15時手前の戻しで
利益が得られることも

朝一に売られ、安値付近で
ヨコヨコなら逆張りで買い

9時　9時半　　　　　　　　　　　　15時

ヨコヨコ　　▶ 値動きが小さく横ばいに推移する状態

応用 technique 007

10時半以降は持ち越す銘柄の選定時間にあてる

10時半までに9割の取引を終わらせる

デイトレでは、その日で最も売買が盛り上がる寄付から10時半までが勝負。その日の売買の9割はこの時間までに終わらせたい。基本的にそれ以降の時間では大きな値動きがなくなるので、引けまでの残り時間を考えるとリターンを出すための期待値は低い。

もし10時半以降も売買するのであれば、その時間帯は「次の日に持ち越す銘柄を選定する時間」と区切るべき。というのも、持ち越す銘柄は、当日の動きを見ていないと翌日に強いのか弱いのかが判断しづらいからである。

応用 technique 008

夜間取引は保有株があれば売りに徹する

JACK

夜間に買っても買値は次の日までわからない

夜間取引（PTS）では売りに徹するとよい。夜間取引とは、通常の取引時間（9時〜15時）以外の時間に取引できるサービスだ。

企業の突然のニュースや決算発表により、つい売買したくなることもあるが、夜間に買ったとしても次の日の相場が開いてみないと実際の価格はわからない。夜間取引で買った値段が天井となり、買い値まで戻らずに下落し、結果損失を生むパターンは多い。

しかし、反対に夜間取引で高値掴みする人を利用し、保有株があれば売りに徹すれば勝率は高くなる。

夜間取引は、SBI証券、楽天証券、マネックス証券などで利用できる。ただし、夜間取引は流動性が低く、約定できないケースもある点は留意しよう。

基本 lecture 009 金曜日は手仕舞いする人が多く 株価が下がりやすい

藤本誠之

月曜日〜木曜日を重視し 金曜日は手を出さない

金曜日は、主に3つの理由で株価が下がりやすい傾向にある。ひとつ目は、「企業は金曜日に材料を発表することが多い」こと。下図のように、上場企業からの発表の多くは金曜日に行われる。そのため、金曜日は株価の予測が難しい。2つ目は、「多くのデイトレーダーが週明けまで持ち越したくない」こと。何故なら、何が起こるか予測がつかないま

ま、週明けまで持ち越したがらないデイトレーダーが多いため、金曜日に手仕舞いをする傾向が高い。その結果、金曜日以降は株価が下がりやすくなる。3つ目は、「月に1回の金曜日はアメリカの雇用統計がある」こと。アメリカの雇用統計の動きは為替にも影響があり、自然と株価もつられて動きやすくなる。

基本的に、金曜日〜日曜日を除いた、月曜日〜木曜日のトレードを重視して動いたほうがいいだろう。

金曜日以降は株価が下がりやすい

[キャピタル・アセット・プランニング(3965) 5分足 (2023年4月21日〜4月24日)]

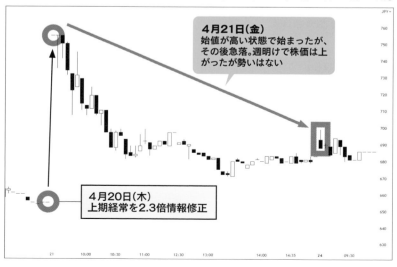

4月21日(金)
始値が高い状態で始まったが、その後急落。週明けで株価は上がったが勢いはない

4月20日(木)
上期経常を2.3倍情報修正

アメリカの雇用統計 ▶ アメリカの経済指標。「失業率」「非農業部門雇用者数」の2項目は多くの投資家が注目し、株価にも影響を与えることが多い。原則、毎月第1金曜日に公開される

基本 lecture 010

デイトレでは 細かく利確することが重要

利食いできれば再投資も できるメリットがある

通常、短期投資は「スイングトレード→デイトレード→スキャルピング」というように、トレード期間が短くなればなるほど値動きの幅は小さくなるため、長期投資に比べて利幅が小さくなる。

そのため、細かく利確していくことが勝率を高めるコツだ。利食い後も株価が上昇して「まだ持っていたらよかった」と思うのはナンセン

ス。こうした考えは塩漬けにつながってしまうからだ。

また、株の上昇、あるいは下落エネルギーが大きいことを確認できれば、再度エントリーして何度も利幅を取ることができるというメリットにも目を向けたいところだ。

短期投資(デイトレ)のイメージ

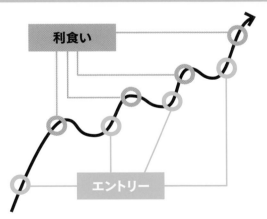

利食い

エントリー

デイトレをはじめとした短期売買では、利食いしたらいったんリセットして、細かく利幅をとっていくことが重要

指値で売れなかったら成売も検討する

上昇力が弱い銘柄は早く売ったほうがよい

売りたい価格に指値注文していても、株価がそこまで上がってこないこともある。その場合は方針を変えて成行の売り（成売）に変えるのもひとつの方法。指値した価格まで上がってこないということは、「そこで売れるはず」「そこまで上がってくるはず」という自分の考えが外れていたということ。

自分が思っているよりも株価の上昇力は弱いため、狙った値段で売れる可能性は低い。また、上昇力が期待より弱いなら、売ってしまってもよいと判断できる。売りたい値段にこだわることで、せっかくの利益が消えてしまうこともある。いかに早く売るかが重要だ。

成売を検討する際のイメージ

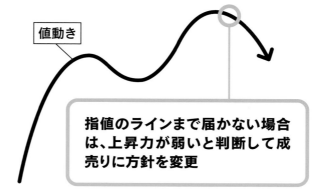

指値で売り注文を出していたライン

値動き

指値のラインまで届かない場合は、上昇力が弱いと判断して成売りに方針を変更

相場は順張りで参加すると苦しみが少ない

ストレスの少ない方法で短期投資を行う

相場に参加する方法として「ハル」「ノル」「キリトル」という3つの方法がある。「ハル」は、みんなが見向きもしない（安くなった）時期に仕込み、値上がりを待つ方法。利益が出るまで時間がかかるため、苦しんでいる時間が長い。一方、上昇し始めた相場に順張りで乗っていくやり方が「ノル」。トレンドが出ている期間だけ投資するため、時間

軸は「ハル」より短め、苦しむ時間も短めになるが、その分売買回数は増える。

「キリトル」はスキャルで複数の商品の板の値動きのアヤ（一時的な上昇・下落）を取る方法。相場の方向性を見失いがちで、複数の商品を対象とするため、約定代金も大きくなるので上級者向け。

デイトレでは「ノル」を基本方針にすると、大きな損失を抱えない＝ストレスを溜めない投資ができる。

相場への3つの参加方法

1 「ハル」

暴落時など、安くなったときに逆張りで仕込んで長期で保有する方法。価格が戻るのを待ってから売却するため利益が出るまでに時間がかかる

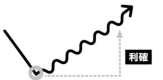

利確

2 「ノル」

利確

利確

相場の方向にあわせて順張りで投資する方法。トレンドが終わると利確になるため、投資回数は「ハル」に比べて増えるが辛い時期は短い

3 「キリトル」

超短期で複数の銘柄の板の値動きを取るやり方。辛い期間はより短いが、1回の取引における金額が大きく、厳密な資金管理も必要になる

利確

利確

利確

順張りの人は逆張りを真似ても
悪い結果になりやすい

■ 培ってきた相場への見方は
なかなか変わらない

　レンジ相場のときは逆張りが有効に機能するから逆張りをしてみようと思い、挑戦してみるのもよい。ただし、元来順張りスタイルの人が逆張りを真似てみても、逆張りの人の真骨頂である、抜けそうなところで逆張りをして我慢するという姿勢を真似しきれずに悪い結果になってしまうことがある。

　上下に抜けそうと感じるところを

どう判断するかで、手法は分かれる。自分の手法ではないやり方をうまく真似しているつもりでも、相場の根本的な見方は変わらない。順張り目線で相場を見ていて逆張りしたくなる動きになったと感じたら、その相場は捨てるぐらいの覚悟で相場に臨んだほうがよい。

レンジ相場でも投資方法は変えない

レンジ相場であっても、
慣れない逆張りよりも、
順張りで行うほうがよい

自分の投資方法に合わない相場に参加するときは、
「失敗してもいい」という覚悟をもつこと

基本
lecture
014

ナンピンを想定して
打診買いする

まずは半分買っておき
残りのお金でナンピン

　買いたい銘柄が値下がりしてきたときは、一気に買うのではなく、まずは打診買いしてみる。

　どの程度の量を買うかは個々で変わるが、例えば欲しい量の半分くらいを打診買いすると、さらに下がったときにナンピンし、買値を下げることができる。

　逆に上がった場合も、欲しい量の半分は安く買えているため一定の満足感が得られる。

　打診買いした価格から下がったとしたら、なぜ下がっているかを確認する。

　地合いが悪いときはもう一段階下がる可能性があるため、ナンピンは様子見したほうがよいだろう。

打診買いから始める例

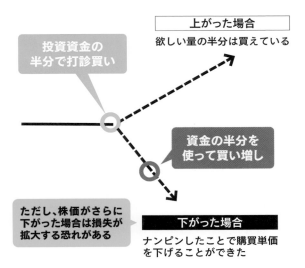

投資資金の
半分で打診買い

上がった場合
欲しい量の半分は買えている

資金の半分を
使って買い増し

ただし、株価がさらに
下がった場合は損失が
拡大する恐れがある

下がった場合
ナンピンしたことで購買単価
を下げることができた

ナンピン　▶ 買った株が値下がりしたときに、さらに同じ株を買い増して、平均購入単価を下げること。ただし、株価がさらに下がった場合は損失が拡大する恐れがある

相場の参加者が多い銘柄を
ひとつでも多く探す

売買が盛んに行われている
銘柄の波に乗ろう

株式投資の前提として、損する人がいて儲かる人が出る。つまり、相場の参加者が増えるほど、儲かる幅が大きくなる。利益を生み出したいのであれば、相場の参加者が多い銘柄（流動性の高い銘柄）に投資することが大切だ。

ひとつの銘柄に執着してしまうと、株価が動いていない期間もその銘柄に資金が拘束されてしまうため

効率が悪い。その間に材料が出ているほかの銘柄があればチャンスを逃してしまう。動きのない銘柄を分析して、短期なら握れるかもしれない、もう少し伸びるかもしれないと考えて粘るより、そのとき相場で人気が出て、盛んに売買されている銘柄に乗ったり、次に波が来る銘柄を予測して、先手を打つという考え方を持とう。

活況銘柄の探し方

本日活況銘柄

【注】証券会社の自己売買、機関投資家、デイトレーダーなどの売買が活発な約定回数ランキング

市場別				時価総額別（単位：億円）					
全市場	プライム	スタンダード	グロース	全銘柄	-50	50-100	100-300	300-1000	1000-

1 2 3 4 5 6 7 8 9 次へ＞ ≫ [50件▼]   [株価更新]

2023年05月08日 10:43現在 4132銘柄　　株価20分ディレイ→リアルタイムに変更

コード	銘柄名	市場			株価	前日比		約定回数	PER	PBR	利回り
6920	レーザーテク	東P			17,985	−285	−1.56%	20,825	49.2	19.57	0.72
8306	三菱UFJ	東P			850.1	−12.5	−1.45%	20,601	10.2	0.61	3.76
7214	GMB	東S			1,915	+166	+9.49%	12,706	8.4	0.46	1.04
4385	メルカリ	東P			2,655	+70	+2.71%	10,264	51.7	9.87	—
2914	JT	東P			2,996.0	+62.0	+2.11%	8,464	12.1	1.52	6.28
7974	任天堂	東P			5,752	+59	+1.04%	7,806	18.1	3.08	2.76
1570	日経レバ	東E			15,905	−175	−1.09%	6,849	—	—	—
9201	JAL	東P			2,712	+65	+2.46%	6,797	21.5	1.45	1.47
5253	カバー	東G			1,697	+41	+2.48%	6,669	41.5	21.91	—

株探の本日活況銘柄(https://kabutan.jp/warning/?mode=2_9)では、売買が活発な約定回数ランキングを見られる。

基本
lecture
015

大口投資家の仕掛けが 重いか・軽いかを考える

基本 lecture 016

大口に逆らう取引は 損を生む

よく「ふるい落とし」という言葉も耳にするが、上昇に勢いがある銘柄は資金の小さい個人投資家だけでなく、資金量の大きい投資家や機関投資家など大口が仕掛けていることも多い。

こうした大口は、上昇途中で上値が重いと感じたらいったん売りを入れて資金の小さな個人投資家をふるい落とし、そこからまた上昇させるケースがある。

資金量の大きな流れに逆らった取引はうまくいかないことが多い。「誰かが動かしている」という目で相場を見ることができると景色が変わることもあるのだ。

ふるい落としのイメージ

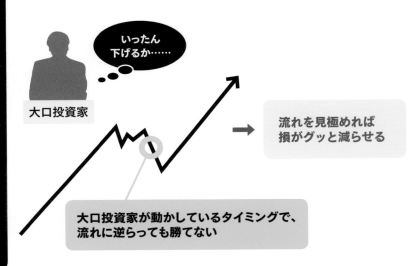

いったん 下げるか……

大口投資家

流れを見極めれば 損がグッと減らせる

大口投資家が動かしているタイミングで、 流れに逆らっても勝てない

現物取引は１日のうち同じ銘柄で何度も取引できない

藤本誠之

現物取引のメリットと注意点を把握する

　現物取引とは、取引所を通じて株式と現金（売買代金）を受け渡すことで行われる通常の取引のことだ。

　ただし、現物取引は同じ銘柄を１日のうちに何度も取引することができない。何故なら、「差金決済取引」にあたるからだ。

　差金決済取引とは、現物の受け渡しを行わず、売却金額と買付金額との差額で決済すること。ひとつの銘柄で「買付→売付」か「売付→買付」の一方通行の売買は可能だが、同じ日同じ銘柄同じ資金で「買付→売付→買付」もしくは「売付→買付→売付」を行うことはできない。ただし、売買に使用したそれ以外の資金を使えば問題なく売買できる。

　差金決済取引での株式売買は、信用取引以外では法令で禁止されているため注意したい。FXなどは問題なく行えるが、株式投資のルールと覚えておこう。

現物取引と信用取引の違い

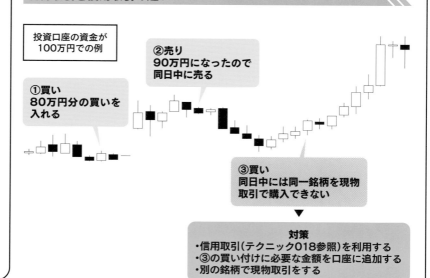

投資口座の資金が
100万円での例

①買い
80万円分の買いを
入れる

②売り
90万円になったので
同日中に売る

③買い
同日中には同一銘柄を現物
取引で購入できない

対策
・信用取引（テクニック018参照）を利用する
・③の買い付けに必要な金額を口座に追加する
・別の銘柄で現物取引をする

応用
technique
018

リスク大

「一般信用制度」を使うと空売りできる銘柄の幅が広がる

証券会社が貸し出した銘柄で空売りができる

現金や株式を担保に、証券会社から現金や株式を借りて売買する取引方法を信用取引と呼ぶ。メリットは「最大3.3倍までレバレッジをかけられること」「同日中に同一銘柄の売買を何度も行えること」「空売りができること」。空売りとは、証券会社から借りた株式を売り、株価が下がったときに買い戻すことで利益を得る手法。株価が下落しても利益を狙うことができる。

注意すべきは、空売りできる銘柄が限られている点だ。証券所が指定した銘柄のみで行う「制度信用取引」においては、証券所が「貸借銘柄」に指定した銘柄でしか空売りができず、貸借銘柄以外は買いから入ることしかできない。しかし、各証券会社が指定した銘柄を対象に取引できる「一般信用取引」を使うと、貸借銘柄以外でも空売りができるケースがあるため活用したい。

信用取引のメリット・デメリット

── 信用取引のメリット ──
最大3.3倍まで資金を借りる「レバレッジ」を使える／「同日中に同一銘柄の売買を何度も行える／空売りができる

── 信用取引のデメリット ──
レバレッジをかけて損失を出した場合は損失が膨らむ／返済期限があり、賃貸料や逆日歩などがかかる

制度信用取引と一般信用取引の違い

証券会社で銘柄を確認！

制度信用取引
- 取引所が指定した銘柄が対象
- 返済期限は半年以内
- 賃貸料・逆日歩が発生する（テクニック171、172を参照）
- **貸借銘柄以外は空売りができない**

一般信用取引
- 証券会社ごとに指定された銘柄が対象
- 返済期限は原則無制限
- 賃貸料・逆日歩は発生しない
- 各証券会社の**一般信用取引の対象銘柄であれば、貸借銘柄でなくても空売りができる**

※信用取引は信用口座を開設することで利用できる
※空売りは、現物取引に比べて損失のリスクが大きいため慎重に行う必要がある

賃貸料・逆日歩 ▶ 賃貸料は、証券会社から株を借りる際に発生する費用。逆日歩は、市場で信用に使われる株が足りないと発生する、買い方に売り方が支払う費用

2単元以上購入できる銘柄を投資対象にする

藤本誠之

投資金額3割の資金で2単位以上買えるのが理想

個人投資家の最大のウィークポイントは投資金額が限られることだ。株式投資では1単元がほぼ100株単位なので、株価水準によっては高値の花となる銘柄がある。

ギリギリ100株（1単元）しか買えない銘柄は投資対象とすべきではない。1単元のみ保有の場合、売却・持続の2択しか選択できず、塩漬け株になる可能性が高いからだ。2単元買えば、全部売却・半分売却・全部持続の3択になる。また、1単元買ってから、下落してのナンピン買い、上昇しての追撃買いも可能だ。

1単元のみだと、多少上昇しても売りにくく、結果として塩漬け株となりがちだ。自分の投資金額の3割の資金で2単元以上買える銘柄を投資対象としたいところだ。

ネット証券の一日信用取引を利用する

新興相場の銘柄も空売りできる

一日信用取引は当日中に返済する信用取引のことで、ネット証券各社が提供している。買建も売建も可能で、同一保証金で回転売買が一日に何度でもできる。デイトレに限定していることで取引コストが下げられており、細かい取引を繰り返してもコスト負けしない利点がある。

また、通常は空売りできない新興相場の銘柄も、取り扱い会社が認めた銘柄については空売りが可能になる。そのため、新興相場の急騰銘柄には空売りへ向かいやすいが、その日のうちに決済する必要があるので、引けにかけて買い戻しが多く入る。各社で発表している空売りが可能な銘柄や空売りにかかる金利はチェックしておくとよいだろう。

注文板・歩み値

注文板は、売り注文や買い注文の注文数を表し、
歩み値は、約定した取引ごとの価格や数量を表したもの。
いずれも、デイトレでは相場の流れを
理解するうえで重要なツールだ。
本章では、基本的な注文板・歩み値読み方から活用方法を解説する。

基本 lecture 021

注文板を読んで
売り買いの勢いを把握する

売りと買いの
どちらの板が厚いか確認する

デイトレにおいて注文板は重要な情報だ。注文板には、各価格（気配値）の売り注文や買い注文の数がリアルタイムで表示されるため、売りと買いのどちらが有利かを判断しやすくなる。

買い注文が多いことを「買い板が厚い」、売り注文が多いことを「売り板が厚い」と呼ぶ。

買い板が厚いときは、買いたい投資家の方が多く、値上がりしやすい。また、売り注文を消化できる余裕が大きいので株価は落ちにくい。

反対に、売り板が厚い場合はその逆で、値下がりの可能性が高く、新たに買いを入れるのは控えたい場面だ。ひとつ注意点としては、上昇も下落もしていない、あまり動きがない銘柄の場合は、単に「板の厚さ」だけで判断するのは難しいため避けたほうがよい。

売り板が厚い注文板の例

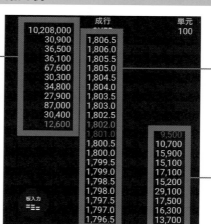

売数量
気配値ごとに、売り注文の株数が表示される

気配値
市場参加者が売買を希望する値段のこと

買数量
気配値ごとに、買い注文の株数が表示される

出所：楽天証券

買い注文数より売り注文数が多い　➡売り板が厚い

基本 lecture 022 気配値が飛んでいる銘柄は流動性が低いため避ける

価格が飛びやすくリスクが高い

売買が少ない銘柄は、注文数が少ないため、気配値が「750円」「745円」「743円」……のように飛び飛びになるという特徴が現れる。

必然的にこうした銘柄は板が薄くなり、指値を入れても約定しづらく、成行で買い注文をすると想定より高値で約定するリスクがある。

「板が薄い」とは、注文数が少なく流動性が低い状況のこと。

また、板が薄いと株価の急激な変動が起こりやすい。損切りしようとしても売り注文が約定せず、その間にも下落してどんどん評価損が膨らんでいく、といった事態もあり得る。

なかには、一気に価格が飛ぶことで大幅な利益を獲得できるケースもあり得るが決済できない可能性を考えるとハイリスクでしかない。

応用 technique 023 「株価は板が厚いほうに動く」はいつでも使えるわけではない

川合一啓

抵抗線付近の売り注文が多ければ株価は下落しやすい

「株価は板が厚いほうに動く」というセオリーがある。例えば、売り板が厚い状態であれば、株を買いたい人が買い注文をぶつけられるため、株価が上がりやすくなる。

しかし、銘柄ごとの状況によって値動きは千差万別であり、実際は必ずしも厚いほうに動くとは限らない。例えば、日足単位で下落トレンドを形成している銘柄で、当日は株価が上昇していたとする。このとき、多くの投資家はどこかで売り逃げしたいと考えるため、直近高値など利確の目安になる価格帯に売り注文が入り、売り板が厚くなる。しかし、当然成行注文で売る人も多いため株価が下落していき「板が薄いほうに動く」状態になるのだ。「板が厚いほうに動く」という言葉だけを覚えても実戦では使えない。

大口投資家の「蓋」を確認する

ウルフ村田

大量の注文によって株価の上昇や下落を止められる

大量の注文によって株価の上昇や下落を止められる大口投資家は、価格を上げないように「蓋」と呼ばれる大量の売り注文を出すことがある。例えば、株価が1000円の銘柄があり、売数量、買数量の注文数はどの気配値でも500株〜2000株に収まっているとする。このとき1005円で5万株という大量の売り注文が入れば、通常の買い注文が入っても1005円を超えづらく、価格の動きを止めやすい。この場合、1005円より株価が上昇するのは難しいと考える投資家が多くなるため株価は下がる傾向がある。

ただし、この蓋が見せ板（見せ玉）（テクニック027参照）の可能性もあるので注意が必要だ。また、この「蓋」が取れた場合は株価は一気に上にブレイクする傾向がある。

大口投資家のTWAP注文から相場の方向性を見る

規則的な注文を見つけたらその方向に付いて行く

すべての市場参加者の動向は観察できないが、視点を絞って売買を観察していくと、株価動向に大きな影響を与える大口投資家の動向が透けて見えてくることがある。

そのひとつが、アルゴリズム注文の「約定」を見ることだ。大口投資家が使う発注系のアルゴリズム注文のうち、大きな比率を占めているのが、一定の間隔で注文を繰り返す「TWAP注文」。約定を細かく見ていき、一定のリズムで同じような株数の注文を繰り返している主体がいたら、大口投資家と判断しその方向性に付いていくように取引を行ってみよう。こうした大口投資家の注文は一定期間続く可能性があるため、相場に方向性が出ることが多い。順張りでその方向に乗ると利益につながる可能性が高い。

発注系の
アルゴリズム注文 ▶ コンピューターを駆使した取引のうち、証券会社独自のノウハウを組み込むことで、より有利な価格で約定することを可能にしている

応用
technique
026

同じ価格に注文が何度も出るのは大口投資家が動いている

注文板を見て大口投資家の動きを見抜く

大口投資家は資金量が大きいため、希望する取引をすべて板にのせると目立ってしまい、それによって株価が動いてしまうので、希望する価格帯での取引が困難になる。そのため、大量の注文を少量に分割して発注するアイスバーグ注文が用いられることがよくある。

例えば、売り板が厚く、買い板が薄いので下がっていきそうなのに株価が動かず、その価格帯での歩み値を見るとどんどん買いが約定している。つまり、買いが約定したらすぐに新たな買い注文が復活している。このような場合は、大口のアイスバーグ注文である可能性が高い。

大口投資家が参入するとその後は値上がりしやすいので、このような局面では買いを入れ、大口投資家のつくりだす波に乗っていくのがよいだろう。

大口投資家が使うアイスバーグ注文

アイスバーグ注文とは

ひとつの大口注文を、自動で小分けに発注できる機能。注文板には小分けにされた注文数しか見えないため、大口投資家が、自身の注文動向を隠したいときに使われる

アイスバーグ注文の特徴

特定の気配値の注文が何度も復活する

例えば、1000円の気配値の買数量が1000株分増え、約定されてもまた1000株分の注文が増える……こうした流れが繰り返し見られる場合は、アイスバーグ注文の可能性が高い

アイスバーグ注文を見つけたら

大口投資家の流れに乗ってみる

基本的に、アイスバーグ注文は資金力のある大口の投資家が使う注文。アイスバーグ注文で買われている場合、大口投資家の流れに乗り、打診買いを行うとよい

約定する気のない注文を出したら違法

見せ板（見せ玉）は法律で禁止されている

デイトレでは素早い判断が必要のため誤った注文を出してしまうケースもあるが、約定されなければ注文を取り消すことができる。

しかし、むやみに注文の取り消しを繰り返すと、「見せ板（見せ玉）」に該当すると判断され、ペナルティが課される可能性がある。

見せ板とは、売買する意志のない注文を大量に発注することで相場の強さを演出し、自分に有利な方向に相場を操縦すること。資金力のある機関投資家が行うとされている。大量の買い注文で買いの強さを演出すれば、ほかの投資家に買わせて値段が釣り上がるという算段だ。

この行為は法律で禁止されているため、個人投資家であってもむやみに注文を取り消せば、見せ板（見せ玉）とみなされる可能性がある。注文を出すときは必ず注文内容を確認しておこう。

見せ板（見せ玉）と判断される際の要素

金融庁の証券取引等監視委員会は、過去の見せ板（見せ玉）への勧告において、見せ板と判断される要素をいくつか挙げている

- 自己の売付（買付）注文が約定した直後に、買付（売付）注文を**すべて取り消している**
- 指値の価格帯や発注の数量などが、買い板（売り板）を厚く見せかけ、ほかの市場参加者からの**買付注文（売付注文）を誘引する効果を有する**ものとなっている
- 上記行為を**反復継続**して行っている
- 行為者の通常のディーリング（利益を追求した売買）の規模からして、**過大な量の発注**をしている

など

出所：証券取引市場「東海東京証券及びリテラ・クレア証券の勧告（作為的相場形成）についての補足説明」

特別買い気配　　▶ 買い注文が多いあまり値段が付かない状態の気配値

フル板で板寄せ価格を確認し
寄り値で注文するか判断する

川合一啓

売り買いの勢いによって上場後の対応を変える

フル板での寄付前の注文板には「寄」と書かれたマークが表示される※。これは板寄せ価格のことで、IPO銘柄のだと、買いと売りの注文状況から算出された初値の予想を示す。IPO銘柄の上場日、公募価格より板寄せ価格が大きく上で始まる場合、板寄せ価格に注目しよう。例えば、公募価格1500円の銘柄で8時59分ごろの板寄せ価格が2000円だとする。9時の市場スタート後、買い注文が殺到したため初値が付かず、1500円の特別買い気配となった。その後も特別買い気配が1900円辺りまで上昇し、もう少しで板寄せ価格の2000円と一致しそうになった。ここで板寄せ価格が徐々に上がればほかの投資家が株価を吊り上げている可能性が高く、初値が付いた後は売りが優勢に反転することが多い。IPOに当選していれば寄付での売却を検討しよう。

フル板を使った初値予想の方法

公募価格が1500円の銘柄の場合（板…板寄せ価格、特…特別買い気配）

8時59分　市場が開く前

板 **2000**円

通常の注文板では表示されないことがあるためフル板で見る

特 **1500**円

買い注文が殺到して値が付かない状態

9時30分　特別買い気配が上昇

板 **2000**円

特 **1600**円

9時45分　特別買い気配が板寄せ価格に近づく

板 **2000**円

特 **1900**円

10時00分　板寄せ価格が上昇

板 **2050**円

特 **2000**円

↓

特別買い気配の上昇に合わせて板寄せ価格が上がる場合、初値が付いた後は株価が下がりやすい

➡初値が付いた後はすぐに売却する

※証券会社によって「寄」「前」などと名称が変わる。また、フル板は楽天証券、松井証券、マネックス証券、auカブコム証券などのツールで閲覧できる

フル板　　▶ 値幅制限まですべての注文が表示された注文板のこと

歩み値で大口投資家が
参加しているかがわかる

ウルフ村田

約定した取引を
一件ずつ確認できる

　歩み値とは、約定された取引の約定価格と注文株数を一件ずつ時系列で表したもの。注文板で気配値が飛び飛びになっている銘柄を避けるのと同様、歩み値の時刻で約定時刻の間隔が空いている銘柄も、流動性が薄く避けるべきだ。

　歩み値でも重要なのが大口の投資家の動き。一般的に、大口の買い注文が約定すればそこから買いの流れ

が生まれやすくなるため、その流れに乗って買いを入れるとよい。しかし、数ティック株価が上がった後に細かい売りが何度も入る場合、アイスバーグ注文のような特殊な注文方法で売りを入れている人がいる可能性が高く、うまく株価が上がりづらいため離脱を検討しよう。このように、大口投資家の流れに乗る投資法は歩み値で売り買い共にその後の動向を確認しておくとよい。

歩み値の読み方と戦略

時刻	約定した株数	約定した価格
時刻	出来高	約定値
12:30:00	5,800	2,223
11:30:00	900	2,224
11:29:56	100	2,225
11:29:49	100	2,226
11:29:43	200	2,225
11:29:43	100	2,225
11:29:43	200	2,225
11:29:14	500	2,230
11:29:14	1,100	2,229
11:29:14	1,000	2,228
11:29:14	400	2,227
11:29:05	100	2,226
11:28:22	200	2,225
11:28:11	100	2,226
11:28:09	600	2,225
11:28:09	400	2,225
11:28:06	500	2,224

出所:楽天証券

歩み値の色分け
（楽天証券の場合）

緑 株価が下がったことを示す

赤 株価が上がったことを示す

黄 株価に変動がなかったことを示す

※色分けは証券会社やツールによって異なる

戦略1
大口投資家の買い注文（または売り注文）を確認できたら買い（または売り）を出す

戦略2
大口投資家の流れに乗った後もアイスバーグ注文（テクニック026参照）などがないか歩み値で動向を確認

ティック　　▶ 売買の最小単位のこと。注文板において、気配値の1段分が「1ティック」に相当する

売り注文が厚くても 株価が下がらないときの戦略

デイトレの基本
歩み値を確認

注文板は買いと売りの心理戦を表しているが、売り注文が厚くなっている場合でも、株価がなかなか下がらなかった場合に注目したい。

買い板が薄いにも関わらず株価が下がらない状態というのは、板に反映されていない買い需要があると推察される。この前提をもとに、機関投資家や大口投資家は売り板が厚い状態でも積極的に買いを進めてい

く。このとき、約定状況を歩み値で確認すると、厚かった売り板は買い勢力に負けて食われ、空売り勢は買い戻しに走ることになる。一気に買いの圧力が高まることで新規買いを集め、さらに株価は上昇する傾向にある。デイトレにおいて基本であり、非常に重要なエントリーのヒントとなるだろう。

歩み値の確認方法

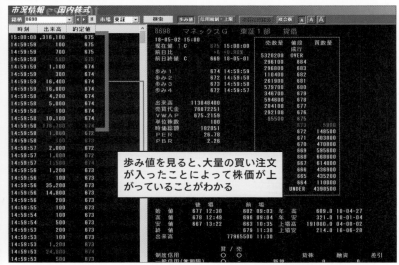

歩み値を見ると、大量の買い注文が入ったことによって株価が上がっていることがわかる

歩み値は楽天証券のマーケットスピードなどのチャートツールを使えば確認できる。

歩み値を使った
スキャルピング

川合一啓

⚠
リスク大

瞬発的な判断と操作が
必要なテクニック

時系列で約定価格と注文枚数がわかる歩み値だが、スキャルピングと呼ばれる、数秒で決済をする超短期売買にも活用することができる。

例えば、株探やヤフーファイナンスなどで閲覧できるティック数ランキング20位以内に入る銘柄の歩み値で、大きな売り注文が入ったとき、この注文によって株価が－5％ほど落ちたとする。こうした急な下落の後には高確率で瞬間的な反発が発生する。この特徴を利用し、大口の売りよって－5％の株価が下がったタイミングで買いエントリーを入れると値幅を狙うことができる。

ただし、スキャルピングは集中力と素早い操作、素早い判断が必要なため、初心者であれば安易に手を出すのはやめておこう。

急な下落を狙ったスキャルピング手法

①大口の売りが約定する	約定した株数が1万株以上など、大口の注文が通れば釣られて株価が下がりやすい
②－5％株価が下がる	大口注文後も株価に影響がないケースがあるため、－5％を目安にする
③買いエントリーを出す	大きな下落の後は瞬間的に株価が上昇することが多い
④株価の上昇を確認	株価の上昇を確認できたらすぐに利確する。あくまで瞬間的な値幅を狙うため、機会を逃すとすぐに下落してしまう 瞬時的な判断が必要であり、損失のリスクもあるため初心者は安易に行わないほうがよい

銘柄選択

デイトレで重要なのは流動性が高く、株価が大きく
上昇しやすい銘柄を選ぶこと。
トレードを行いやすい銘柄の探し方を
ランキングやテーマ、材料といった観点から解説。

金曜日はリスク回避のため
株価が下がりやすい

藤本誠之

月曜日〜木曜日を重視し
金曜日は手を出さない

　金曜日は、主に３つの理由で株価が下がりやすい傾向にある。ひとつ目は、「企業は木曜日・金曜日に材料を発表することが多い」こと。上場企業からの発表は株価への影響が大きい。木曜日の引けから金曜日の場中に発表される材料によって、株価の予測が難しくなる。

　２つ目は、「多くのデイトレーダーが週明けまで持ち越さない」が

ある。金曜発表の多くは引け後にあり、また、土日も何があるか予測がつかないため、金曜日に手仕舞いをする傾向が高い。その結果、金曜日以降は株価が下がりやすくなる。

　３つ目は、２つ目に関連するが「月に１回の金曜日はアメリカの雇用統計がある」こと。非常に注目されるアメリカの雇用統計の動きは為替にも影響があり、自然と株価もつられて動きやすくなることも、リスク回避のために売られるからだ。

木曜日にいい材料がでても、金曜日は尻つぼみしていくことがある

[キャピタル・アセット・プランニング（3965）　５分足　（2023年４月21日〜４月24日）]

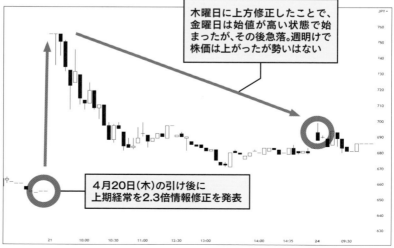

木曜日に上方修正したことで、金曜日は始値が高い状態で始まったが、その後急落。週明けで株価は上がったが勢いはない

４月20日（木）の引け後に
上期経常を2.3倍情報修正を発表

基本
lecture
033

値上がり率ランキングを
寄付後に確認する

藤本誠之

デイトレに重要な
「始値比」がすぐにわかる

デイトレでは、特に値動きの大きな銘柄で値幅を取ることが求められる。そこで役立つのが、「始値比ランキング」だ。

例えば、下図はマネックス証券のランキングページだ。MY PAGEの投資情報から値上がり率ランキングを選択すると、「前日比」「気配値」「始値比」などの項目を選択できる。ここで始値比を選択すると、その日の始値から大きく株価が上昇した銘柄を見つけることができる。

始値から大きく株価が上がっているということは、それだけ値幅を取りやすく、デイトレで利益を狙いやすいということ。

寄付後の9時15分ごろからこのランキングを確認することで、その日活発に株価が変動している銘柄を確認することができる。

始値比値上がり率ランキングの確認方法（マネックス証券）

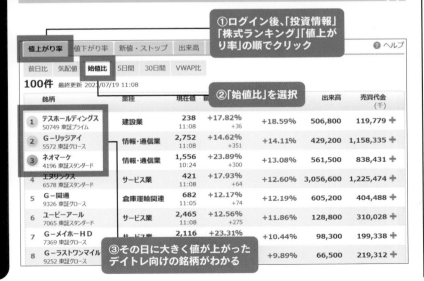

①ログイン後、「投資情報」「株式ランキング」「値上がり率」の順でクリック

値上がり率	値下がり率	新値・ストップ	出来高			❓ヘルプ

前日比	気配値	**始値比**	5日間	30日間	VWAP比

②「始値比」を選択

100件 最終更新 2023/07/19 11:08

	銘柄	業種	現在値	前		出来高	売買代金(千)
1	テスホールディングス 50749 東証プライム	建設業	238 11:08	+17.82% +36	+18.59%	506,800	119,779 ✚
2	G－リッジアイ 5572 東証グロース	情報・通信業	2,752 11:08	+14.62% +351	+14.11%	429,200	1,158,335 ✚
3	ネオマーケ 4196 東証スタンダード	情報・通信業	1,556 10:24	+23.89% +300	+13.08%	561,500	838,431 ✚
4	エヌリンクス 6578 東証スタンダード	サービス業	421 11:08	+17.93% +64	+12.60%	3,056,600	1,225,474 ✚
5	G－関通 9326 東証グロース	倉庫運輸関連	682 11:05	+12.17% +74	+12.19%	605,200	404,488 ✚
6	ユーピーアール 7065 東証スタンダード	サービス業	2,465 11:08	+12.56% +275	+11.86%	128,800	310,028 ✚
7	G－メイホーHD 7369 東証グロース	サービス業	2,116	+23.31%	+10.44%	98,300	199,338 ✚
8	G－ラストワンマイル 9252 東証グロース				+9.89%	66,500	219,312 ✚

③その日に大きく値が上がったデイトレ向けの銘柄がわかる

大引け後・寄付前は
適時開示ランキングを確認

基本
lecture
034

大勢の人が見ているIRは
株価への影響が大きい

引け後に出る材料（IR）は翌日の株価の値動きに影響する重要な情報。

自分の持ち株や狙っている銘柄に限らず、IR情報にひと通り目を通すことで、翌日にトレードする銘柄選びの参考になる。

ただし、材料が出た銘柄がすべて動くわけではない。

重要なのは注目度で、多くの投資家が関心を持つ材料ほど株価への影響も大きい。注目度や関心の高さを測る方法としては、日経電子版の適時開示ランキング（IR情報のアクセス数ランキング）の確認をおすすめする。

上位にあるものほど投資家の関心も高く株価への影響が上にも下にも大きくなりやすいといえる。

適時開示ランキングでIR注目銘柄を知る

適時開示ランキング　　　　　　　　　　　　　　　　　　　　　　　　　　表の見方

1〜50位 | 51〜100位 | 101位〜150位 🔒 | 151位〜200位 🔒

※ 銘柄フォルダの利用には会員登録とログインが必要です。
注記：取引所を通じた開示速報です。ご利用前に必ず注意事項をお読みください。

更新：2023/4/20 17:07

銘柄フォルダ	順位	証券コード	銘柄名	発表日	時刻	資料区分	発表内容
🛒 追加	1	6146	ディスコ	23/4/20	16:00	決算 通期	2023年3月期 決算短信〔日本基準〕（連結）
🛒 追加	2	6146	ディスコ	23/4/20	16:00	業績修正	業績予想のお知らせ
🛒 追加	3	7611	ハイデイ日高	23/4/20	15:00	配当予想	配当予想の修正（創業50周年記念配当）に関するお知らせ
🛒 追加	4	6146	ディスコ	23/4/20	16:00	配当予想	剰余金の配当に関するお知らせ
🛒 追加	5	7379	サーキュ	23/4/20	16:00	代表異動	代表取締役退任の開示に関する経過報告及び新経営体制に関するお知らせ
🛒 追加	6	6182	メタリアル	23/4/20	15:00	その他資料	株主優待制度の変更に関するお知らせ
🛒 追加	7	6023	ダイハツデ	23/4/20	16:30	業績修正	業績予想の修正に関するお知らせ
🛒 追加	8	4092	日本化	23/4/20	16:00	業績修正	2023年3月期通期連結業績予想の修正に関するお知らせ
🛒 追加	9	6023	ダイハツデ	23/4/20	16:30	配当予想	配当方針の変更および配当予想の修正（増配）に関するお知らせ
🛒 追加	10	3038	神戸物産	23/4/20	15:30	その他資料	月次IRニュース

1〜10位内の銘柄は注目度が高いため、株価への影響が大きくなりやすい

日経電子版の適時開示ランキング（https://www.nikkei.com/markets/ranking/page/?bd=disclose）では、アクセス数の高い順に一覧で確認できる。

IR　　▶ 企業が株主に向けて発表する経営、財務、今後の見通しといった広報のこと。Investor Relationsの略

3つのランキングでトレンドの初動と継続を確認する

ウルフ村田

ランキングで流動性の高い銘柄を見分ける

デイトレでは、多くの人がたくさん売買する流動性のある銘柄を選ぶ必要がある。流動性が高い銘柄を見分ける指標は「出来高」「売買代金」「ティック数」の3つがある。出来高とは、成立した売買の数量のこと。上昇トレンドが始まるとき、出来高が急増することが多い。売買代金とは、約定したときの価格と出来高をかけたもの。株価が活発に動く

と売買代金が増加するため、売買代金が大きい銘柄は上昇トレンド時において上昇の継続が期待でき、勢いがあることを示す。ティック数は、約定された回数のこと。ティック数が多いほど売り買いが交錯する人気銘柄であり、トレンド継続の勢いを図ることができる。

これらの特徴を用いて、出来高急増ランキングでトレンドの初動を、売買代金とティック数ランキングでトレンドの継続を確認しよう。

流動性の高い、銘柄ランキングを掲載してるサイト

ヤフー！ファイナンス

「株式ランキング」のページから「出来高増加率」「売買代金上位」を閲覧できる（https://finance.yahoo.co.jp/stocks/ranking/tradingValueHigh?market=all&term=daily）

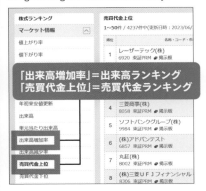

株探

「本日活況銘柄」のページから「約定回数」を閲覧できる（https://kabutan.jp/warning/?mode=2_9）

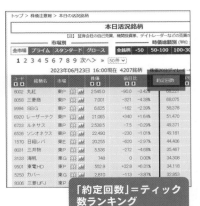

応用 technique 036

前日に好材料が出た銘柄が翌日寄り天なら売り

藤本誠之

好材料が出た時点で買い 翌日の寄付で売る

株探※では市場ニュースのページから銘柄の好悪材料を調べることができる。

原則、好材料なら相場の上昇、悪材料なら相場の下降の要因になると考えられている。そのため、上方修正や好決算などの好材料が出た銘柄は寄付で一気にGU（ローソク足の間に大きな間隔をつくって株価が上昇すること）する傾向がある。その一方で、そうした銘柄をすぐに売りたがる投資家も多いため、寄り天になった後、そのまま下落していく可能性が高い。そのため、基本的に翌日の寄付が高値だったり、寄り天になっていたりしたら、そのまま売ってしまうといいだろう。

テクニック118で解説したVWAPを併用することでより予測がしやすくなるので、ぜひ活用しよう。

※https://kabutan.jp/

好材料の銘柄は翌日上がりやすいが下がりやすい

[アイ・ピー・エス（4335） 5分足 2023年4月24日〜4月25日]

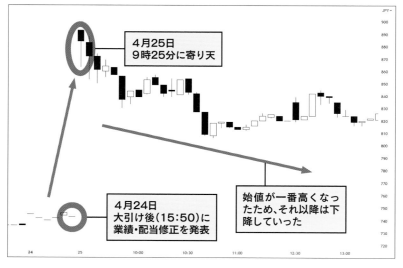

4月25日
9時25分に寄り天

4月24日
大引け後（15:50）に
業績・配当修正を発表

始値が一番高くなったため、それ以降は下降していった

株探 ▶ 個人投資家向け株式情報サイト。相場ニュースや決算速報、株価注意報など多面的に情報を提供している

基本
lecture
037

株探の「株価注意報」で勢いのある銘柄を探す

デイでもスイングでも活用しやすい情報源

株価情報を配信しているサイト「株探」では、上昇率やストップ安など、当日に動向のあった銘柄を項目別にまとめて掲載しているが、「株価注意報」のなかの「本日、年初来高値を更新した銘柄」は特に注目したい。

年初来高値は、レンジから上昇トレンドへの節目になることが多く、これを更新できるということは今後のトレンド転換への勢いがあるということ。チャートなども併せて確認できるため、ボックス相場からのブレイクアウトしているような銘柄に短期目線で翌日以降についていくことができる。

年初来高値を突破した銘柄は上昇への勢いがある

レンジから上昇トレンドへの節目になる可能性があるため、チャートなども併せてチェックしよう

本日、年初来高値を更新した銘柄（一時更新も含む）								

日本株年初来高値｜米国株52週高値

【注】ニュースや決算発表などによる買い継続で、株価が年初来高値を更新した銘柄

― 市場別 ― ｜ **― 時価総額別 ―**（単位：億円）

全市場	プライム	スタンダード	グロース		全銘柄	-50	50-100	100-300	300-1000	1000-

1 2 3 4 5 6 次へ＞ 〔50件▼〕 〔株価更新〕

2023年04月20日 16:00現在 276銘柄 株価20分ディレイ → リアルタイムに変更

コード	銘柄名	市場		株価	前日比		ニュース	PER	PBR	利回り
1321	野村日経平均	東E	〔〕〔〕	29,925	+60	+0.20%	NEWS	―	―	―
1332	ニッスイ	東P	〔〕〔〕	585	+4	+0.69%	NEWS	9.1	0.83	2.74
1346	MX225	東E	〔〕〔〕	29,755	+35	+0.12%	NEWS	―	―	―
1385	UBS欧50	東E	〔〕〔〕	6,540	+20	+0.31%	NEWS	―	―	―
1387	UBSユロ株	東E	〔〕〔〕	21,700	+35	+0.16%	NEWS	―	―	―
1389	UBS英大株	東E	〔〕〔〕	12,120	+20	+0.17%	NEWS	―	―	―
1391	UBSスイス	東E	〔〕〔〕	3,230	+20	+0.62%	NEWS	―	―	―
1393	UBS米国株	東E	〔〕〔〕	53,360	―	―%	NEWS	―	―	―
1394	UBS先進国	東E	〔〕〔〕	39,400	+40	+0.10%	NEWS	―	―	―
1446	キャンディル	東S	〔〕〔〕	565	+7	+1.25%	NEWS	38.5	2.04	1.06
1481	日興経済貢献	東E	〔〕〔〕	2,151	+6	+0.28%	NEWS	―	―	―
1484	One設備	東E	〔〕〔〕	2,119.5	+3.0	+0.14%	NEWS	―	―	―
1541	純プラ信託	東E	〔〕〔〕	4,285	+90	+2.15%	NEWS	―	―	―

株探の本日、年初来高値を更新した銘柄(https://kabutan.jp/warning/?mode=3_3)。

寄り天 　　▶ その日の株価において、始値が一番高くなったときのこと。寄り天井とも呼ぶ

基本 lecture 038 原油高騰時は 原油ETFに投資する

石油開発や資源関連銘柄にも注目しておこう

原油価格の変動は日本経済に影響を与える。

例えば、2022年には、コロナ禍の影響とロシアのウクライナ紛争により原油価格が急騰していた。2023年に入って原油高の価格高騰は落ち着いたが、2022年のように原油価格が上昇したときは、消費者の負担が増加する一方で、旅行など娯楽の消費が減り、経済全体の縮小につながる。そして景気が悪化すれば、株価の大幅下落が想定される。つまり、原油価格と株価は反対の動きをするといえるだろう。

このような状況から、原油価格の上昇が見込まれる場合は、原油価格に連動するように計算された原油ETFを買うことで資産の防衛ができる。また、石油開発など資源関連銘柄を買うことも得策だろう。

原油価格高騰に連動して上昇する原油ETF

[WTI原油価格連動型上場信託(1671) 週足 2021年3月〜2023年7月]

2022年から原油価格が高騰した。こうしたタイミングで原油ETFを購入して資産の防衛を行う

原油価格が下落し始めたタイミングで売却

ETF ▶ 日経平均株価などの株価指数の動きへの連動を目指した投資信託のうち、上場しているもの

ストップ高銘柄に乗るための
リストをつくる

材料優先で判断に迷ったら
リストを作成する

株式相場に上場している銘柄は3000社以上あり銘柄選択に迷いがちだが、デイトレにおいて最も重要な「売買が盛り上がっている銘柄」で絞ると意外と選択肢は少なくなる。そのときどきによって注目される銘柄は異なるが、銘柄選定においてまず優先するのが、「前日（前々日）ストップ高銘柄（自社株買い・分割買いを除く）」だ。投資家のV_

VROOM氏は、そこから出来高がかなり減っていたり、全体で見ると株価が下がっている銘柄を除いたリストをまず作成するのだという。

投資は美人投票であり、ストップ高はそうした盛り上がっている銘柄を端的に示す指標になる。材料優先で銘柄選定の判断に迷う場合に取り入れてみるとよいだろう。

売買が盛り上がっている銘柄を絞る方法

前日(前々日)のストップ高銘柄に注目

▼

大幅に出来高が減っている銘柄、
全体的に見て株価が下がっている銘柄を除く

▼

売買が盛り上がっている銘柄が残るため
その銘柄を選択する

材料優先で判断に迷ったときは、売買が盛り上がっている銘柄を取り入れてみるとよいだろう

3月・9月以外の決算銘柄で上昇する銘柄を探す

配当や株主優待の決算月を確認する

決算期前の銘柄を狙う手法を紹介する。決算期というと、3月や9月ばかりをイメージする人が多いが、企業によっては2月決算や6月決算もあれば、ほかの月の場合もある。

国税庁の調査によると、企業の決算月は3月が54万社超となり最も多く、次いで多いのが9月で29万社ほどである。しかし、ほかにも12月決算が24万社ほど、6月決算が25万社ほどあり、決算に伴う上昇を狙える月は3月9月だけではないことがわかる。

ダイヤモンドシステムの「決算月決算日一覧検索」を使うと、配当や株主優待の決算月を一覧で確認することができる。テクニック043などと合わせて3月9月以外でも決算銘柄を狙っていこう。

決算日を一覧で見る

決算日が3月・9月以外でも、決算を行っている企業がある

決算月:**4月**　東証区分:指定なし　業種:指定なし　該当数:43件 [1〜20件目]

コード	銘柄	東証区分	決算日	情報等
4750	ダイサン	スタンダード	4月20日	株価
1436	フィット	グロース	4月末日	株価
1766	東建コーポレーション	プライム	4月末日	株価 | 優待
2159	フルスピード	スタンダード	4月末日	株価 | 優待
2294	柿安本店	プライム	4月末日	株価
2438	アスカネット	グロース	4月末日	株価 | 優待
2593	伊藤園	プライム	4月末日	株価 | 優待
2751	テンポスホールディングス	スタンダード	4月末日	株価 | 優待
2910	ロック・フィールド	プライム	4月末日	株価 | 優待

ダイヤモンドシステムの決算月・決算日一覧検索(https://kabu.hikak.com/)。

基本 lecture 041

米国株の売買をするなら SNSからも情報を集める

JACK

YouTubeやブログの
解説も頼りにする

デイトレにおいては、個別の業績などにも精査しつつ「動きのある相場」に参加することが重要だ。その意味では、売買する対象を日本株だけにこだわる必要はない。特に米国株は、売買のシステム面でもネットを介した注文であれば国内株の取引とそん色なく行うことができ、長期に渡って相場が上昇傾向にあるという点も魅力的だ。

ただし、米国株であっても投資判断においては業績などのファンダメンタルズを参考にする必要がある。大企業ならまだしも、米国内の小型株については決算書を読み込まなければスケール感などを判断しにくく、言語的ハードルも高い。その際に、米国株ならではの特徴や、リアルタイムの人気ランキングなどを解説する投資家や現地日本人などのYouTubeやブログを頼りにするのもよい。

YouTubeから有力情報を得る

YouTubeチャンネル「たぱぞう投資大学」(https://www.youtube.com/@tapazou29/featured)。

> YouTubeチャンネル「たぱぞう投資大学」では米国株を中心に動画をアップロードしている

基本 lecture 042 株主優待を新設する銘柄は業界とIRで判断する

JACK

飲食小売業は優待制度を新設しやすい

これまで株主優待を行っていなかった企業が優待を新設する場合、該当企業の株価にとって基本的には好材料となる。そのため、デイトレにおいても優待新設発表前に目星を付けておくことができればチャンスになる。すべての企業に当てはまるわけではないが、優待新設の判断材料はいくつかある。

まず、飲食業界や小売業界に属す

る企業は、自社商品や割引券として優待制度をつくりやすいため、把握しておく必要がある。特に周辺企業が優待を出しているなか、該当企業だけが優待を出していない場合は、将来的に新設される可能性がある。

2つ目は株主総会やIRで新しい情報を確認する方法だ。優待新設に前向きな企業であれば、株主総会における質問やIRに直接聞いた場合でも、「検討しています」といったように否定されることは少ない。

優待新設で株価が伸びる

[紀文食品(2933) 日足 2022年1月〜2022年4月]

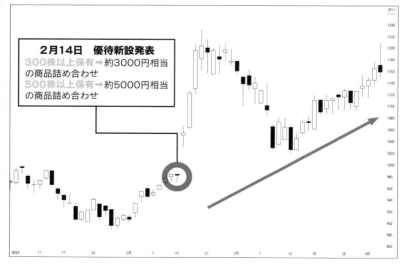

2月14日 優待新設発表
300株以上保有➡約3000円相当
の商品詰め合わせ
500株以上保有➡約5000円相当
の商品詰め合わせ

基本
lecture
043

好決算を折り込んだ銘柄に投資する

決算発表の1～3カ月前から折り込むことが多い

決算発表前に、決算に伴う株価上昇に乗ることを目的に買いを入れるとよい。

スター・マイカHD（2975）は3月31日に決算発表があり、決算発表月の3月はじわじわと株価が上昇している。最高益予想を上乗せする業績好調に伴い、翌日4月1日は窓を開けて大きく上昇した。

スイングを狙って3月頭に買い、天井を迎えた4月頭に売れば、決算前の上昇で利益を得ることができる。多くの場合、決算発表の1～3カ月前から折り込むことが多い。今から1～3カ月後に決算発表を行う企業に注目し、決算内容が期待できる銘柄を狙うとよいだろう。

ただし、好決算を折り込み上昇していたが、決算内容が期待に沿わなかったことで、決算発表後に株価がしぼんでいくこともある。その場合は、早期に手放す必要がある。

短期で決算銘柄を狙う

[スター・マイカHD（2975）　日足　2022年3月～4月]

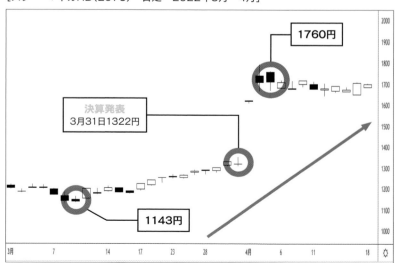

大株主が入れ替わった銘柄は
必ずチェックする

▎海外政府が大株主として
名を連ねることもある

　四季報やIR情報で「投資株主」の欄を見た際はまず、前回号と比較してこれまでいなかった投資家や政府が名を連ねているかどうかに着目するとよい。

　例えば近年ではフィデアHD（8713）、池田泉州HD（8714）などの地方銀行銘柄にノルウェー政府が大株主として名を連ねている。地方銀行再編の動きがあるなかで、中

長期的な価格上昇を見越したことや、また金融緩和下での業績悪化に伴って配当利回りが上昇したことで、投資先として選ばれたと考えられる。

　多額の資金を投じる大株主に信頼できる企業や機関の名があれば、投資先の企業も信頼できるといってよいだろう。

▎大株主ランキングで有力投資家を知る

Ullet（https://www.ullet.com/）では、銘柄の大株主や保有金額などを確認できる。

四季報やIR情報で「投資株主」を調べたとき、以前いなかった投資家や政府がいないか注目する	▶	大株主に信頼できる企業や機関の名前があったら、その投資先の企業も信頼できる

応用 technique 045
アクティビストが 注目する銘柄は買い

JACK

保有株主割合が 増加したら狙い目

アクティビストが保有する銘柄は暴騰する可能性が大きい。特に保有株主割合が増加している場合は、アクティビストが勝負に出ている証拠なので、注視しておきたい。

最近では建設関連にアクティビストの注目が集まっており、シティインデックスイレブンスの保有する大豊建設（1822）や東亜建設工業（1885）、エフィッシモ・キャピタル・マネジメントの保有する不動テトラ（1813）などが例として挙げられる。

こうした保有株主割合は、日本証券新聞などで特集が組まれることが多いので、チェックしたい。日本証券新聞を利用してお得に情報収集したいなら、テクニック155を参照。

大豊建設の株価

［大豊建設（1822）　日足　2022年2月〜4月］

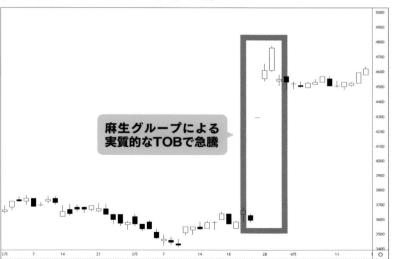

麻生グループによる 実質的なTOBで急騰

アクティビスト ▶ 株主としての権利を積極的に行使し、企業価値向上のため、さまざまな提言などを行う投資家

権利日に向け2～3カ月前から先回りしておく

JACK

あらかじめ株価の上昇を見越して買っておく

「株主優待の人気銘柄は権利付き最終売買日に向けて株価が上昇しやすい」という傾向を利用してトレードに活用する場合、あらかじめ株価の上昇を見越し先回りして買う方法もある。

目安としては権利日から遡った、2～3カ月前だ。優待銘柄のこのような傾向は相場において広く知られており、高値掴みをしたくない投資家は、あらかじめ権利日付近の株価上昇を見越して先回りして買い始める。

銘柄によって動きが出始めるタイミングには差があるが、おおよそ権利日から2～3カ月前が目安となる。この動きに合わせて仕込んでおくと、権利日付近の上昇によるキャピタルゲインを取ることができる。

権利確定日前の上昇

[オリックス（8591）　4時間足　2022年2月～4月]

買収防止のために出される「特配」はボーナス

yasuji

通常の配当の3倍になるケースもある

「特別配当（特配）」といって、通常の配当とは別に、一時的に上乗せされる配当がある。基本的には決算が良好な場合に行われるが、買収合併される（または懸念される）企業が買収防止のために特別配当を出すケースもある。

例えば、2021年12月、愛知県に本店を構える中京銀行と愛知銀行の経営統合が発表された。その後、中京銀行では2022年9月末時点で株式名簿に掲載される株主に対し、1株あたり141円の特別配当が行われた。中京銀行の通常の配当は、2022年3月期で55円。また、前期である2021年3月期では40円だった。つまり、特別配当は通常配当の3倍の額を受け取れる、いわばボーナス。

特別配当の発表は、日本取引所グループの適時開示情報閲覧サービス（TDnet）で閲覧できる。

「特配」が出る銘柄の探し方

TDnet（https://www.release.tdnet.info/inbs/I_main_00.html）の画面。

優待先回り投資は分散して
トータルで勝つ

JACK

資金の振り分けで
利益を出す可能性を上げる

優待先回り投資を行う際には、分散買いも合わせて行うと、より手堅いトレードができる。

例えば資金が100万円あったとして、過去数年、先回り投資を行い、その勝率が80%だとしても、1銘柄だけにすべての資金を注ぎ込むのは、失敗したときに大きな損失となる。そのため、複数の優待銘柄をあらかじめピックアップしておき、そ

こから過去数年の勝率が70〜80%以上の銘柄に絞り込み、分散して先回り投資しておけば、1銘柄が失敗しても、資金全体で利益を出せる可能性は、かなり高くなる。

優待月やそれぞれの資金量で、どの程度分散するかは異なるが、3銘柄以上を目安に分散しておくとよい。

優待の検索サービスを活用

楽天証券の株主優待検索（https://member.rakuten-sec.co.jp/app/smt_market_courtesy_visitor.do?eventType=visitorInit）では、銘柄名・コード、優待内容、権利確定日などから優待銘柄を検索できる。

権利落ち日 ▶ 権利付き最終売買日の翌営業日のこと。株主権利を得るためには、この日までに株主名簿に記載されている必要がある

応用
technique
049

権利落ち日は無配当銘柄に投資妙味がある

無配当銘柄は先物買いのインパクトが出やすい

権利落ち日には、無配当銘柄が比較的買われやすい傾向がある。

高利回り銘柄などは権利落ちの影響が大きいが、権利付き最終売買日や権利落ち日には、機関投資家による配当権利落ち分の再投資が先物に入り、全体相場に資金が入りやすい。

一方で無配当銘柄は権利落ち分がなく、先物買いによるプラスのインパクトがもたらされることになるため投資妙味がある。

権利付き最終売買日に向けての銘柄選びとしては、無配銘柄買いも一考といえる。

無配当銘柄を調べる際は、配当利回りの項目が0％のものを探すとよい。

無配当銘柄で権利落ち日以降も上昇が続く

[武田薬品工業（4502）　日足　2022年9月〜2023年4月]

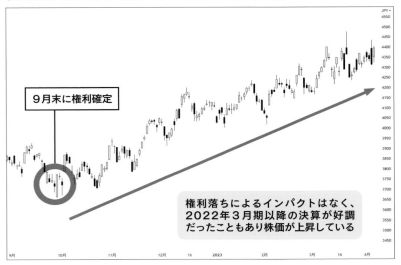

9月末に権利確定

権利落ちによるインパクトはなく、2022年3月期以降の決算が好調だったこともあり株価が上昇している

権利付き最終売買日　▶　保有することで配当金や株主優待などの株主権利を得ることができる最終取引日のこと

基本
lecture
050

周年記念の銘柄を
先回りして買う

JACK

検索・IR担当者への質問で 事前に調査

創業〇周年を迎える、いわゆる「周年記念」の企業は、記念の優待や配当を出すケースがあるため狙い目だ。手順は、事前に周年記念企業を検索エンジンなどで調べ、100株だけでも買っておく。実際に記念優待や配当の配布が行われれば優待・配当を受けられる。

さらに、記念配当・記念優待が正式に発表されると注目を集め、株価が上昇する可能性があることから、キャピタルゲインも狙える。特に、業績がよい企業は株価が落ちにくいのでおすすめだ。

ただし、すべての周年記念がこうした記念配当・記念優待を出すわけではない。そのため、IR担当者へ、周年を迎えるにあたっての意気込み等の見解を尋ねるとよい。正式発表前に「記念優待・配当を出します」と断言されることはないが、口調などからヒントを探ろう。

2023年、2024年に周年を迎える主な企業

2023年

周年	企業	業種
200周年	戸田工業(4100)	化学メーカー
150周年	大成建設(1801)	総合建設会社
150周年	王子HD(3861)	総合製紙メーカー
100周年	エスビー食品(2805)	加工食品メーカー

2024年

周年	企業	業種
150周年	西松建設(1820)	建設業
100周年	ブルボン(2208)	お菓子メーカー
100周年	ダイキン工業(6367)	空調機器メーカー
60周年	テレビ東京HD(9413)	テレビ局
50周年	キーエンス(6861)	電子機器メーカー

記念優待銘柄で貸株を行うと 自動優待取得が働かない恐れあり

応用
technique
051

⚠ リスク大

返却の手続きを経てはじめて 記念優待を受け取れる

テクニック050と関連して、企業の周年などに合わせて配布される記念優待を得るためには、貸株に注意したい。

通常であれば、貸株の申し込み手続きにて自動優待取得などの設定を行えば、その後は手続きをせずに優待を受け取ることができる。

貸株の返却は東洋経済新報社の株主優待情報をもとに行う証券会社が多いが、記念優待に関する情報は株主優待情報では公開されていない。そのため、記念優待の時期であっても貸株が返却されることはない。

貸株している銘柄に記念優待がある場合は、返却してもらうための手続きを改めて行う必要があるので注意してほしい。

値がさ株を単元未満で買い 株式分割後の上昇を狙う

基本
lecture
052

JACK

株価上昇に乗るために 単元未満株で仕込むのも一手

1株2万円以上など、株価水準が相対的に高い銘柄は値がさ株と呼ばれる。そうした銘柄は、買いのハードルを下げるために「株式分割」を行うことがある。例えば1株3万円の銘柄が2分割される場合、分割後の株価は1株1万5000円となり、発行済み株式数は2倍になる。

こうなると資金の少ない投資家でも明らかに買いやすくなるため、新規参入者が買いを入れ、株価が上昇するケースが多い。そのため、値がさ株が分割されたときは、それに乗って買っておくのがおすすめだ。

また、分割されるよりも前に単元未満株で買うのも一手だ。分割が発表された直後は買い気配で始まることが多いため、単元未満であらかじめ買っておくことで初動に乗れて、利益を確保しやすいのだ。

貸株　　　▶ 保有している株をほかの投資家に一時的に貸すこと

決算までの進捗率を見て
上方修正の瞬間を狙う

第1四半期で進捗率が
高い銘柄は上昇可能性あり

第2四半期や第3四半期決算の発表時期には、年度の業績予想の達成度合いや進捗率が注目される。

例えば、「株予報Pro」というサイトでは各銘柄ごとに業績の進捗を確認することができる。下図のように、業績の実績を棒グラフ、業績の会社予想を表す点グラフで進捗が一目でわかる。この機能を使って、進捗率の大きい銘柄を探そう。

こうした銘柄に短期で参戦するには、上方修正のタイミングを狙うようにしよう。例えば第1四半期で進捗率の高かった銘柄をスクリーニングしておき、第2四半期決算発表の少し前に買う。第2四半期でも業績好調が確認され、うまくいけば上方修正される可能性があるからだ。第1四半期で好業績を受けて買われ、その後休んでいる銘柄なら買いに適しているだろう。

株予報Proで業績の進捗を確認

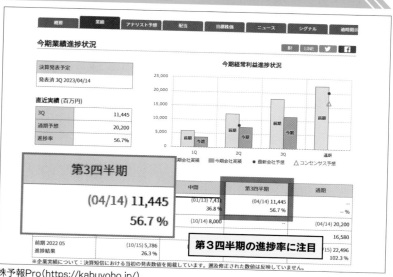

株予報Pro（https://kabuyoho.jp/）。

応用 technique 054 国内の中堅証券会社のレーティングに注目する

大手のレーティングは売り推奨銘柄の格上げに注目

金融機関のブローカーが5段階で企業の推奨度合いを評価する株価レーティングは、公開されるため株価の反応は強まりやすい。なかでも、最近は国内の中堅証券のレーティングに関心が集まっている。というのも、対象銘柄は海外投資家の売買に振り回されにくい小型株が多いほか、支店での営業推進などにそれらのレーティングが使われてることも多く、そうした影響が表面化しやすいとも考えられるためだ。

仮に、当日、急騰した後に急失速するような銘柄でも、レーティング次第で翌日以降の早い段階で盛り返すような状況も多く見受けられる。また、例えば「売り推奨」とレーティングされている銘柄が格上げされると、単純にショートカバー（空売りからの買い戻し）につながるため、投資妙味がある。

レーティングの例

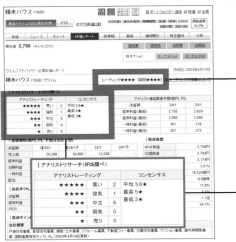

現在のレーティングが5段階評価で表示される。前回のレーティングも後ろに表示されるため、売り推奨（★がひとつで売り、★が5つで買い）からの格上げなどに注目

レーティングの内訳。この例の場合は15人中2人が買い推奨の格付けを行いかなり中立となっている

ネット証券大手SBI証券が掲載している企業評価レポートのページ。格付け会社のウエルスアドバイザーが提供しており、レーティングやアナリストの業績予想などのレポートを閲覧することができる。画像は積水ハウス（1928）のページ。

空売り　▶ 株式を証券会社から借りて売り、その後、決済日までに買い戻して、株式を返却する。その際に発生する差額で利益を狙う取引のこと

応用 technique 055

高配当株は配当4年分の含み益が出たら利確

JACK

長く持つより配当利回り分の上昇で売る考え方

高配当株を売るタイミングに正解はないが、私の場合、株価が上昇して配当金4年分の含み益が出たら利益確定するようにしている。

長期的に銘柄を保有すれば、相場が変化して株価が大きく下がる可能性が高くなるためであり、相場が変化するまでの年数として4年を目安にしている。

例えば、配当利回り5%の株を10万円で買ったとき、4年分の配当金は5000円×4年＝2万円に相当するため、株価が2万円分上昇したら売却してキャピタルゲインを獲得するということだ。この先も株価が上がり続ける可能性もあるが、高配当銘柄はほかにもたくさんあり、別の銘柄を買えばいいだけなので特に問題はない。むしろ、保有し続けたせいで含み益が消えてしまうことのほうがもったいないため、深追いはしないほうが賢明である。

高配当株の売買例

[石油資源開発（1662）　日足　2022年12月〜2023年4月]

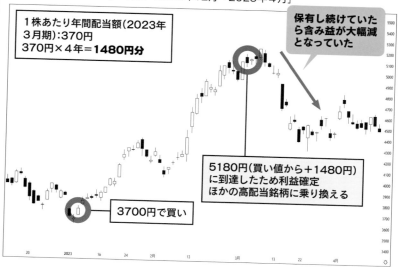

1株あたり年間配当額（2023年3月期）：370円
370円×4年＝1480円分

保有し続けていたら含み益が大幅減となっていた

5180円（買い値から＋1480円）に到達したため利益確定
ほかの高配当銘柄に乗り換える

3700円で買い

コンサル事業者の投資する IPO銘柄に注目する

株主がコンサル上場企業2社 の場合IPOは騰がりやすい

　株主は、基本的に創業者や、従業員・役員、取引先などが多いが、そのなかでも、ベクトル（6058）とリンクアンドモチベーション（2170）の上場企業2社が株主であれば株価が騰がりやすくなる。

　ベクトルは企業PRがメインビジネスの企業、自社のクライアントのなかで、PRを担当して有望な商品・サービスをもつ企業に自己資金で未公開株に投資を行っている。実際に自社でPRして手ごたえを感じている商品・サービスだからこそ投資することで、大きく成長する可能性が高いといわれている。

　また、リンクアンドモチベーションは、組織・人事・IRなど経営コンサルティングを行っており、コンサルティング先で有望な企業に投資している。

コンサル上場企業2社が株主のIPOに注目

[Branding Engineer（7352）　日足　2020年7月〜2023年5月]

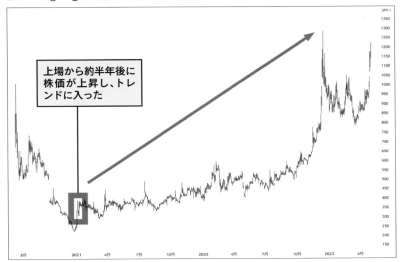

上場から約半年後に株価が上昇し、トレンドに入った

基本 lecture 057

直近IPOで公募割れ銘柄にはお宝が隠れている

JACK

キャッシュリッチな銘柄が狙い目

IPOをよく見ると、お宝銘柄が埋もれていることがある。

2022年3月にスタンダード市場へ上場したセレコーポレーション（5078）は、今期末の1株あたり純資産が5500円を超え、公開価格の1900円で割るとPBRは1倍割れの0.34倍となり、かなりのバリュー株ということがわかる。さらに、子会社の売却益として特別利益が160億円計上されるとかなりキャッシュリッチな企業となり、アクティビスト（物いう株主）の注目も集める可能性が高い。地合いの状況で初値は悪い銘柄でも、よく見るとお宝のような銘柄がある。特に株価が公募価格を上回らない水準であれば、中期投資における絶好の買い場となるだろう。

セレコーポレーションの銘柄情報

出所：株探のサイト　株探(https://kabutan.jp/)では銘柄情報が確認できる。

バリュー株　　▶ 本来の企業価値と比較すると株価が安く放置されている銘柄。割安株ともいう

基本
lecture
058

IPO銘柄に応募して
公開時に売る

当選したら
まず売り逃げる

IPO銘柄は、大きく２つの値動きに分けられる。

①最初が高値でその後は下がり続ける銘柄

②最初が安値でその後上がっていく銘柄

近年は、①の傾向が多い。そのため、IPOに当たった場合はすぐに売り、公開価格と初値の差で儲けを出すのがよい。

例えば2021年２月に上場したCaSy（9215）は、公開価格が1350円に対し、初値は2001円を付けた。同社の値動きは、最初が高値でその後は下がり続けるという①の特徴があるため、CaSyは当選後すぐに売るべきIPO銘柄の典型例といえる。

IPO銘柄に注目しながら、当選した場合はまず、売り逃げることを考え、確実に利益を得られる手法をとるのがおすすめだ。

最初が高値でその後急落

［CaSy（9215）　1時間足　2022年1月〜4月］

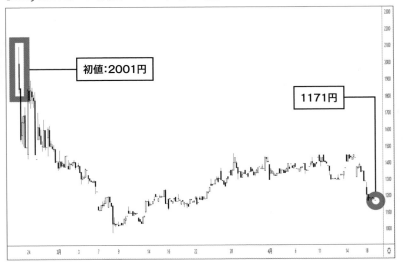

初値:2001円

1171円

基本 lecture 059

上場後2カ月～半年の IPO銘柄を狙う

価格が横ばいの間に 買いを入れる

IPO銘柄の特徴として、一度下がると2カ月から半年ほど下がり続け、その後安値のレンジ相場に入ることが多い。特に近年のIPO銘柄は最初が高値でその後は下がり続ける傾向にあるため、上場後2カ月～半年の価格を売買判断の目安にするとよいだろう。

例えばペットゴー（7140）は、2022年4月の初値から下降トレンドになり、5月に底を迎えている。その後、2022年11月までは安値でのレンジ相場となっている。この半年ほどのレンジ相場で買っておくと、11月中旬に迎えた高値で利益につなげることができる。

デイトレでは特に「上場後2カ月～半年のレンジ相場にあるIPO銘柄」を選ぶと利益につなげやすいのだ。

IPO銘柄の急騰に備える

[ペットゴー（7140）　日足　2022年4月～12月]

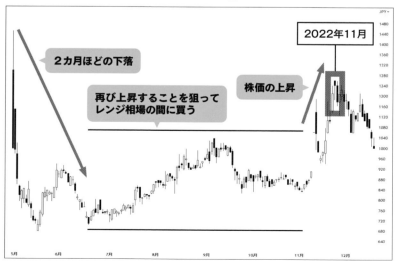

応用
technique
060

公募増資の受け渡し日は
後場まで待つ

JACK

誰もが売買したい
時間を避ける

すでに上場している企業が新たに株式を発行して売り出すことをPO（公募増資）という。このPO株は受け渡し日の朝から売却や注文が可能だが、後場まで待つ、または1日様子を見てから売ったほうがよい。

すべての銘柄があてはまるわけではないが、特に格付けの高いREITで、信用取引の売りができるような銘柄は、後場まで待ってから売るとよい。格付けの例としては、ケネディクス・レジデンシャル・ネクスト投資法人（3278）は、債務履行の確実性の高さから日本格付研究所によってAA－（高い格付けの一種）が付けられている（2023年7月時点）。受け渡し日の朝は多くの投資家が一斉に売りに出すことが予想されるため、そこが底値になることも多い。「誰もが売りたい（買いたい）時間」を避けて少し我慢することで利益につなげられるのだ。

格付けの高いREITのPO株受け渡し日の株価

［ケネディクス・レジデンシャル・ネクスト投資法人（3278）　45分足　2022月2月25日］

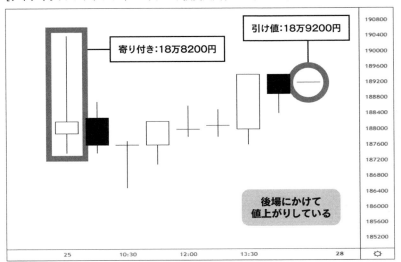

寄り付き：18万8200円

引け値：18万9200円

後場にかけて
値上がりしている

REIT　▶ 不動産投資のうち少額から投資できる制度

TOBは事前の予測が難しいため「噂の程度」に注目

JACK

突如発表されるため予測するのは難しい

　企業を買収する手段のひとつであるTOBは、一般に発表されると株価上昇の材料となる。2022年3月31日、東芝（6502）の筆頭株主であるエフィッシモ・キャピタル・マネジメントが、アメリカの投資ファンドであるベインキャピタルが東芝の株をTOBした場合、保有している株式すべてを応募する方針であることが報道され、一気に300円以上

上昇し、5000円近辺まで株価が上昇した。現時点でも決定してはいないものの、相場には好材料として捉えられた。TOBは大きく相場が動く要因のひとつだが、情報は突然発表されるため、事前に動きを予測してトレードするのは難しい。特に敵対的TOBの場合、双方の最終的な合意が行われるまでに時間がかかるケースが多いため、株価が下落したときに買い集めておくのもひとつの手だ。

TOBの報道により株価急騰

[東芝（6502）　日足　2022年2月〜4月]

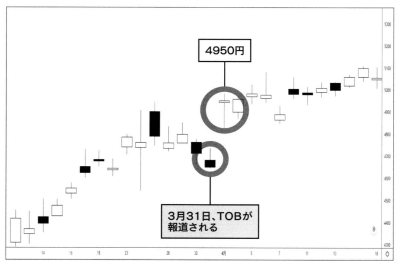

4950円

3月31日、TOBが報道される

TOB　▶ 企業の買収や子会社化のために、上場企業が他上場企業の発行する株式を、通常の相場外で一括して買い付けること

応用
technique
062

信用買い残の多い銘柄は買いを控える

信用買い残が多いと株価は上がりにくい

ファンダメンタルズがよいグロース株を見つけたとしても、保有期間が短すぎると大きな利益にはつながらない。効率よく利益を得るためには、保有を続けるとよい株と、続けないほうがよい株を選定していく必要がある。「時価総額に対して信用買い総額がどれくらいあるか」はその判断材料になる。

信用買いの株（制度信用）は6カ月で返済しないといけない。そのため、信用買いをしている投資家は少しでも上がったらすぐに売り抜ける傾向にある。すると、短期間の小さな値動きで売買が行われるため、株価が上がりにくくなる。信用買いが多い株を買っても、利益にはつながりにくいということなのだ。

そのため、大型株の場合、時価総額に対して、信用買いの総額が5～10%であったら保有期間を短くしたほうがよいだろう。

信用買い残ランキング

株探にプレミア登録すると、時価総額別に閲覧することができる

信用買い残の増加ランキング

市場別				時価総額別（単位：億円）				
全市場	プライム	スタンダード	グロース	全銘柄	-50	50-100	100-300	300-1000	1000-

1 2 3 4 5 6 7 8 9 次へ＞ ≫ 　50件✔　　　　　　　　　　　　　　　　　　　　株価更新

株価：2023年04月20日 16:00現在　　　株価20分ディレイ→**リアルタイムに変更**
信用残：2023年04月14日現在　　1804銘柄

コード	銘柄名	市場	株価	前日比		出来高	信用倍率	買い残	対前週増加幅
1357	日経Dインバ	東E	311	-2	-0.64%	50,756,618	20.24	141,972,037	+44,802,919
1689	WT天然ガス	東E	1.2	0.0	0.00%	39,532,000		53,114,200	+4,024,600
1360	日経ベア2	東E	759.8	-2.7			25.1	14,522,070	+3,250,191
6731	ピクセラ	東S	2	-1	*信用買い残*			15,414,300	+2,882,600
7203	トヨタ	東P	1,813.5	-9.5	-0.52%	21,975,500	16.18	20,855,600	+1,749,800
7610	テイツー	東S	161	+4	+2.55%	7,707,500	8.31	15,711,600	+1,681,900
1459	楽天Wベア	東E	1,251	-3	-0.24%	6,907,904	92.75	6,406,846	+1,620,884
3521	エコナック	東P	119	-5	-4.03%	520,000	5.96	2,088,100	+1,231,400

出所：株探のホームページ

制度信用　　▶ 信用取引のひとつ。返済期限が6カ月で、取引所の規則により逆日歩（品貸料）が決められている

基本 lecture 063

小型株の空売りは リスクが大きい

ウルフ村田

リスク大

空売りをするなら 仕手筋の影響が少ない大型株

　時価総額が1000億円以下の銘柄は一般的に小型株と呼ばれる。小型株は、時価総額が小さいため好材料が発表された銘柄であれば、大型銘柄とは違い短期で2倍、5倍、10倍と大きく株価が上昇しやすいため、順張りで大きな利益を狙える。

　ただし、小型株での空売りはリスクとリターンが見合っていないため、初心者は安易に行ってはいけな

い。時価総額が小さい銘柄は、資金力が豊富な大口筋によって株価の流れが左右されやすいためだ。株価が下落トレンドに入ったと考えて空売りを入れたとしても、実は大口筋が売りを誘っているだけで、その後株価が上昇するというケースがあるのだ。ファーストリテイリング（9983）のような時価総額の大きな大型株では大口筋の影響を受けづらいため、空売りを行う際は価総額の大きな銘柄を選ぶとよいだろう。

小型株で空売りを行うリスク

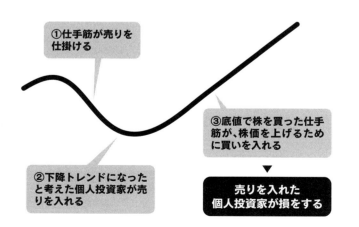

①仕手筋が売りを仕掛ける

②下降トレンドになったと考えた個人投資家が売りを入れる

③底値で株を買った仕手筋が、株価を上げるために買いを入れる

▼

売りを入れた個人投資家が損をする

仕手筋　　　▶ 投機的な売買を繰り返すことで株価を操作する投資家、投資家グループ

応用 technique 064

株価を戻しやすい
信用銘柄でデイトレ

空売りができない銘柄で
デイトレをする

　個人投資家がデイトレを行うなら、制度信用で空売りができる貸借銘柄ではなく、信用買いしかできない信用銘柄を狙うと勝ちやすい。一般信用では空売りができるケースがあるとはいえ、大口の個人投資家などからの「売り崩すような制度信用での空売り」が出にくいのだ。このため、押し目形成時には、通常の利食い売りが一巡すれば株価が戻りやすい。このことから、利益を得るチャンスが多いといえる。

　大型株は資金量の大きな機関投資家がメインプレーヤーのため、小型株と異なり、海外市場の動向やインデックス売買などの影響を大きく受けるうえ、株価変動率が小さいため、少額資金の個人にとってデイトレの対象には向いていない。こうした理由から、デイトレの際には株価変動率の大きい新興銘柄で、かつ、信用銘柄を選ぶとよいだろう。

売り方の圧力が小さい信用銘柄

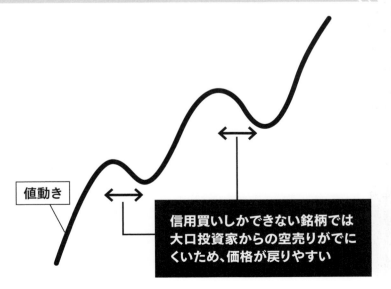

値動き

信用買いしかできない銘柄では大口投資家からの空売りがでにくいため、価格が戻りやすい

基本 lecture 065

売りから入る銘柄は信用倍率と デッドクロスで判断する

ようこりん

信用取引の残量から 株価の傾向を読む

　信用倍率とは、「信用買い残÷信用売り残」という式で算出される数値で、単位は「倍」で表される。信用倍率が1倍以上であれば、株価が下落する可能性が高い。

　下図は、ファーストリテイリング（9983）のチャートだ。チャートの前半では上昇トレンドが形成され、売りに向いている状態ではない。また、上昇トレンドを形成していた期間の信用倍率は、0.5倍を切っていた。しかし、その後は下降トレンドへ転換。信用倍率が1倍〜2.6倍の間を推移するようになった。また、長期線が中期線を下回る「デッドクロス」が発生しており、下降トレンドの明確なサインが現れたことで下落が大きく下落。このように、売りを行う銘柄を決める際は「信用倍率」と「デッドクロス」を参考にするとよい。

信用倍率とデッドクロスで売りを入れる

［ファーストリテイリング（9983）　日足　2020年5月〜2021年8月］

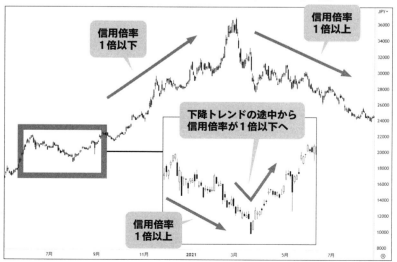

信用倍率　▶ 信用倍率が1倍以上の場合、買い残のほうが多い状況を示す。将来的に反対売買（売り）が多数行われる可能性が高いため、後に株価が下落しやすいと考えられている

ChatGPTに関連する事業を打ち出した銘柄は買い

JACK

最先端技術に関連する銘柄は上がりやすい

2022年11月、アメリカのオープンAI社がリリースした対話型人工知能「ChatGPT」は、世界中で注目を集め、ユーザー数も爆発的な勢いで増えている。そのChatGPTに関連した銘柄は要注目だ。

例えば、マイクロソフト（MSFT）はオープンAIに100億ドルを投資し、さらに同社が提供する検索エンジン「Bing」でChatGPTを活用している。半導体市場の筆頭企業であるエヌビディア（NVDA）は、ChatGPTの需要が高まるほどAIが必要とする演算能力が増え、半導体への需要が高まる。どちらも2023年以降、注目を集め株価が右肩上がりになっている。これに関連して、ChatGPTを事業に組み込む企業が現れると株価が上昇する可能性があるため狙い目だ。

EV急速充電器の整備強化で関連銘柄に注目

yasuji

2025年までに設置数が2倍になる予定

EV（電気自動車）の普及に向け、駐車場など屋外で充電できるEV急速充電器（充電スタンド）の整備が進んでいる。2023年3月、高速道路の管理などを行うNEXCO東日本、中日本、西日本の3社とEV急速充電の設置・運用を行うe-Mobility Powerは、「2025年度までにEV急速充電器を約1100口に増設する」と共同で発表した。2022年度末時点ではEV急速充電器は全国で511口であり、約2倍に増える予定だ。

こうした"インフラ整備"が進むことで、EV急速充電器の関連銘柄であるニチコン（6996）や東光高岳（6617）への注目が高まり、株価が高まる可能性がある。2023年中から注目しておき、トレンドの初動に乗りたい。

テーマ株のなかでも売買が難しいのはバイオ株

ウルフ村田

思惑で大きく上がるが失速しやすい

製薬会社や化学系のベンチャー企業、創薬ベンチャー企業などは「バイオ株」「バイオ関連銘柄」と呼ばれる。これらの銘柄は、医薬品の開発が発表されたり、臨床試験成功のニュースが発表されると投資家の思惑によって株価が上昇することが多い。例えば、2015年12月まで株価が700円台だったアキュセラ・インクは、眼病新薬の開発に大きな期待が寄せられたことで急上昇し、最高で7700円の値が付いた。

しかし、7700円が付いた翌日の寄付前、新薬の効果が認められなかったという旨が発表されたことで株価が急落。その後は1000円〜1400円台を推移し、最終的に上場廃止となった。初心者がテーマ株を扱う際、バイオ株は夢のある銘柄である一方、大きなリスクが潜んでいる銘柄でもある事を肝に命じて、安易に手を出さない事が望ましい。

バイオ株の急騰と急落

[アキュセラ・インク(4589)　日足　2016年1月〜7月]

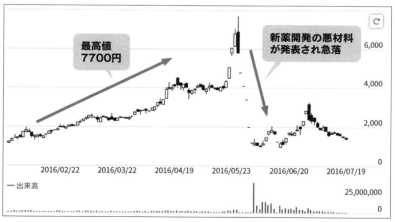

最高値
7700円

新薬開発の悪材料
が発表され急落

出来高

出所:MINKABU

応用technique 069 テーマ株ランキングの推移に注目して「次の旬」を探る

ウルフ村田

すでに上位のテーマはピークを迎えた可能性がある

　各投資情報サイトが発表する「テーマ株ランキング」の推移から、テーマの移り変わりを察知できる。

　例えば、人工知能のテーマが上位を占めているなか、インバウンドのテーマの順位が徐々に上がってきたとする。こうした、下から上がっているテーマは現在進行形で注目度が増加しているため「次の旬」になりやすい。一方、ランキング上位に位置する、あるいは順位が落ちているテーマは、すでにピークを迎え、株価が反転する可能性がある。私は普段空売りを行うことは少ないが、順位が下がっているテーマに注目して空売りに挑戦するもの一手だ。

　また、今まで「テーマ株ランキング」に一度も顔を出したことのない新しいテーマが急にランキング入りすることがある。手垢の付いていない真新しいテーマはその後大相場となり得ることもある。

株探のテーマ株ランキング

株探で人気のテーマ株を紹介する「人気テーマ【ベスト30】」のページ（https://kabutan.jp/info/accessranking/3_2）。

米国の金利上昇時は連動する銘柄に注意

10年債利回りの金利上昇時はグロース株が売られやすい

　個人投資家に人気があった旧マザーズ市場。この旧マザーズ市場の先行指標的な存在のひとつとしてナスダック総合指数が挙げられる。ナスダック総合指数は、米国の10年債利回りに左右される傾向がある。そのため、金利が上がりすぎるとグロース株が売られやすくなる。特に長期金利が上がると、旧マザーズ市場のグロース株が売られやすくな

る。例えば、旧マザーズ市場のトップであったメルカリ（4385）などがその代表であった。

　このように、米国の金利が上がっているときは、グロース株を避けて、バリュー株やよい材料のある新鮮な銘柄の投資していくとよいだろう。そうした銘柄には資金が流れやすいため、デイトレでは利益を生み出しやすい。

売られやすい銘柄の株価

［メルカリ（4385）　日足　2022年7月〜2023年4月］

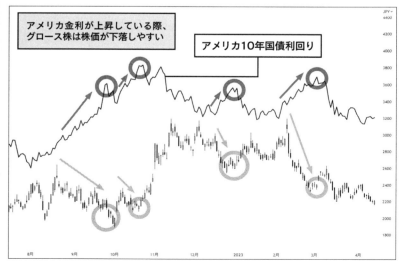

アメリカ金利が上昇している際、グロース株は株価が下落しやすい

アメリカ10年国債利回り

ナスダック総合指数　▶ アメリカの株式相場ナスダックに上場している全銘柄を対象に、1971年2月5日の値を100として算出している時価総額加重平均型の株価指数のこと

バリュー株の黒字転換予想は
仕込みのチャンス

JACK

割安な放置銘柄には
問題があることが多い

　日経平均株価が上昇し、割高感が強くなる状況では割安株を探したいところだが、割安で放置されている銘柄にはそれだけの理由があることも多い。構造不況業種や負の遺産を抱え込んだ企業などだ。それらはただの安い株であり割安ではない。

　ただし、その状況に変化がみられるなら大きなチャンスになる。例えば業績の変化において、連続赤字に陥っていたような会社が、構造改革や需要動向の変化やそれに伴う市況の立ち直りなどにより黒字に転換するポイントは、相場が大きく評価することが多い。

　発表される月次売上や同業他社の動向、構造改革についてのリリースを手掛かりに黒字転換の予想ができたら、決算発表時期の少し前に仕込んでおきたい。

健全な割安株を見つける

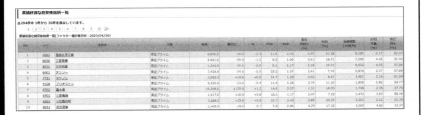

> ただの安い株ではなく、黒字転換の予想ができる割安銘柄を探し、
> 決算発表時期の少し前に仕込んでおこう

株マップ.comの業績好調なバリュー株銘柄一覧（https://jp.kabumap.com/servlets/kabumap/Action?SRC=stockList/base&chart=marketTheme&code=1005&isOldType=1&name=%1B%24B6H%40S9%25D4%24J3d0B3t%1B%28B）では、バリュー株銘柄を一覧で見られる。

投資家の勘違いで
下がった銘柄を買う

JACK

常に正しい情報で
相場が動くとは限らない

　すべての投資家が、常に正しく情報を認識して投資行動をとっているわけではなく、憶測（思惑）や勘違いなど、誤った認識によってマーケットが大きく動いてしまうことも多々ある。そこで、誤った情報で過度に割安になったときに買いを入れると利益を狙うことができる。

　例えば、コロナショックでREITが全面安になったとき、同じく

REIT銘柄であるイオンリート投資法人（3292）やエスコンジャパンリート投資法人（2971）も大幅安となった。しかし、イオンの場合は長期契約で、テナントがすぐに出ていく事態は起こらない。エスコンについては、上物だけでなく土地に対しての利益があるため、実際には利益に大きな影響がない。そんな場面でも、多くの投資家が勘違いをして売りに走ことは多々あるため、そうした場面で割安に買いたい。

コロナショックで連れ安になったエスコンジャパンリート

[エスコンジャパンリート投資法人（2971）　日足　2019年12月〜2020年8月]

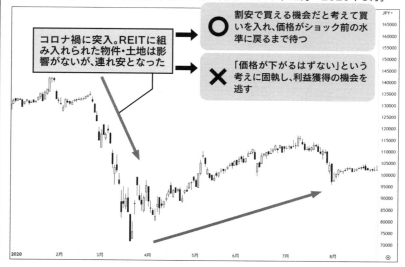

コロナ禍に突入。REITに組み入れられた物件・土地は影響がないが、連れ安となった

○ 割安で買える機会だと考えて買いを入れ、価格がショック前の水準に戻るまで待つ

× 「価格が下がるはずない」という考えに固執し、利益獲得の機会を逃す

上物　　　　▶ 土地の上に建つ建物のこと

応用
technique
073

先回り投資は優待だけではなく REITでも有効

JACK

保有すると定期的に分配金をもらえる

優待における先回り投資は、一定の規則性に注目した手法であるため、優待銘柄だけではなく、ほかの銘柄群でも活用できる。

例えば、不動産に投資するREITや、太陽光など自然エネルギー関連施設に投資するインフラファンドなどは、保有すると定期的に分配金をもらうことができる。

この分配金を獲得するためには、権利確定日までに投資主名簿に記載されている必要がある。

株主優待銘柄と同様に権利確定日に向けて価格の上昇が起こる傾向にあるため、先回り投資（テクニック046参照）が有効となる。

インフラファンドで分配金を狙う

[東海道リート投資法人（2989）　日足　2022年10月～2023年4月]

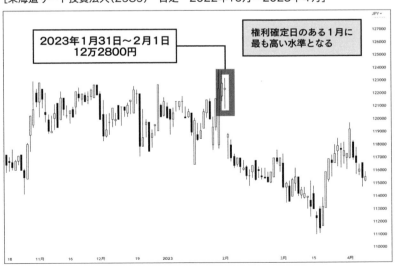

2023年1月31日～2月1日
12万2800円

権利確定日のある1月に最も高い水準となる

応用 technique 074

要注目！ インフラファンドは高配当

JACK

増資と権利落ちで 価格が下がったときが狙い目

　太陽光発電施設などのインフラ施設を投資対象とし、2023年7月現在東証に5銘柄上場されている「インフラファンド」は、投資対象として要注目銘柄である。あまり認知されていない銘柄だが、配当利回りは5〜6％程度で高配当だ。

　株式の高配当銘柄への投資と同様、値下がりしたタイミングでの買いを狙いたい。ポイントは「増資」と「権利落ち日」だ。

　まず、ファンドが増資をすると、口数が増えることで1口あたりの利益が相対的に減る「希薄化」が起こり、値下がりすることが多く、増資の発表以降に値が落ちやすい。また、ほかの銘柄と同様に、配当権利落ち日には買い手が減るので、値下がりしやすい。基本的には、インフラファンドはこの2つの値下がりタイミングで買うのがよいだろう。

権利落ち日と増資のときに値下がりした実例

[ジャパン・インフラファンド投資法人（9287）　日足　2022年4月〜2023年1月]

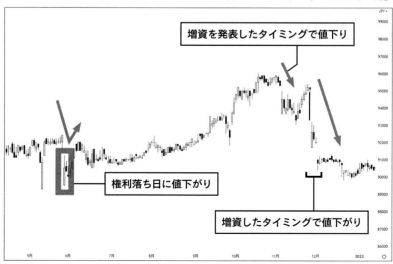

増資を発表したタイミングで値下り

権利落ち日に値下がり

増資したタイミングで値下がり

チャート・テクニカル

デイトレでは、日々変動するチャートから
売買のタイミングを探る必要がある。
本章では、ローソク足のみを使ったワザから
テクニカル指標の見方、組み合わせによる応用ワザまで解説。

高値と安値を注目することが デイトレの基本

矢口新

売りは高値
買いは安値を見る

相場で絶対に儲けられる方法とは、「価格が高いときに売り、安くなれば買う」「価格が安いときに買い、高くなれば売る」こと。ごく当然のことだが、これを実践するのは難しい。しかし、3つのルールに沿って売買することで、スムーズに行えるようになる。

ルール❶ 直前のローソク足の高値安値を切り下げれば売り、切り上げれば買い

ルール❷ 抱き線・はらみ線は様子見

ルール❸ 明確なブレイクがない限り次のローソク足を待つ

右上図から、売りでエントリーするケースを考えよう。

ルール①は、エントリーの判断と保有の判断に使える。A地点では、直前のローソク足の高値を切り下げており、以降もそれが連続している。つまり、Aで売りを入れ、高値が切り下がり続ける限り、株価の動きは下向きなので「売りを維持」できると判断できる。

買いの場合はこの反対で、安値が切り上がり続ければ買いエントリー、もしくは買いを維持できる。

様子見をするべき
2つのサイン

ただし、ずっとこうした値動きが続くわけではなく、様子見が必要な場面も現れる。それが、「抱き線」「はらみ線」が出現したときだ。抱き線やはらみ線の値動きを線で表すと、右下図のような「収縮」「拡散」の状態となる。こうした値動きは、上昇トレンドや下降トレンドと違って方向性がないといえるため、無理に売買判断を行わず、次のローソク足の出現を待つのがよい。図中ではB地点が該当する。

また、C地点は直前の足の高値を切り上げているものの、よく見ると上ヒゲ（高値）が直前のローソク足の高値を抜いただけで、Cの始値は、直前のローソク足に近い位置にある。ルール③では、このような反転といえるような明確なブレイクが起きない場合は判断を保留とし、それまでのポジションを維持したままで次のローソク足を待つとよい。

ルール①～③の使い方(売りから入った場合)

［ソフトバンクグループ(9984)　5分足　2023年5月］

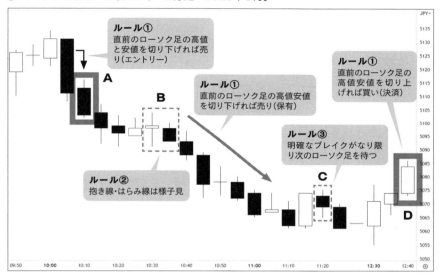

「縮小」を示すはらみ線と「拡大」を示す抱き線

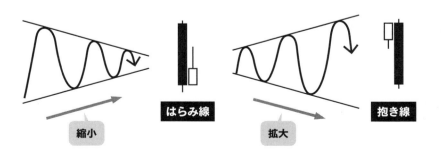

応用 technique 076 複数のローソク足でひとつの はらみ線と見ることができる

矢口新

■ 1本目の高値と安値に 収まっていればはらみ線

前述の通り、はらみ線とは1本目のローソク足が2本目のローソク足を包んでいる組み合わせであり、値動きの縮小を示している。しかし、はらみ足は2本のローソク足でできているとは限らない。3本目、4本目のローソク足においても「1本目のローソク足の高値と安値の間に収まっている」という条件が満たされていれば、「はらみ線が継続している」と考えることができる。

下図は、アドバンテスト（6857）のチャートだ。ローソク足①は、ローソク足Aの間に収まっており、はらみ足になっている。また、続く②〜⑤のローソク足もローソク足Aの高値と安値の間に収まっている。こうした状態では、ローソク足Aから⑤まで値動きの縮小が続いており、まとめてはらみ線と捉えることができる。Aの高値と安値を更新するまで様子見をしよう。

■ 連続したはらみ線の捉え方

[アドバンテスト（6857）　日足　2021年9月10日〜29日]

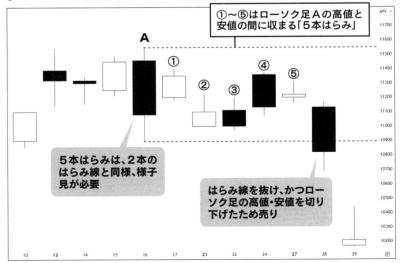

①〜⑤はローソク足Aの高値と安値の間に収まる「5本はらみ」

A

① ② ③ ④ ⑤

5本はらみは、2本のはらみ線と同様、様子見が必要

はらみ線を抜け、かつローソク足の高値・安値を切り下げたため売り

JPY
11700
11600
11500
11400
11300
11200
11100
11000
10900
10800
10700
10600
10500
10400
10300
10200

10　13　14　15　16　17　21　22　24　27　28　29

動きがわかりづらいなら
上位足を見て判断する

基本
lecture
077

矢口新

チャートの方向性を知るには
上位足を確認するのがよい

　相場には必ず山と谷が現れる。相場にいるトレーダーは、売ったものを必ず買い戻し、買ったものは必ず売るためだ。テクニック075で解説したように、ローソク足の上下の動き（波動）に合わせて、山越え（天井）で売り、判断できない場面では様子見を行い、谷越え（底）で買うことを繰り返せば、効率的に売買を行うことができる。

　しかし、下図のチャートのうち、上段を見てほしい。波動よりも細かな値動き（さざ波）があるために、反転のタイミングを判断しづらくなっている。

　こうした場面では、より長い期間の上位足（下段のチャート）に変えるとよい。すると、どの波動でもテクニック075が適用できるようになる。相場の判断は「方向性を知ること」と、「時間軸をどう取るか」に尽きるのだ。

上位足で波動の形を確認する

［上段：花王（4452）　5分足　2023年6月
　下段：花王（4452）　1時間足　2023年6月］

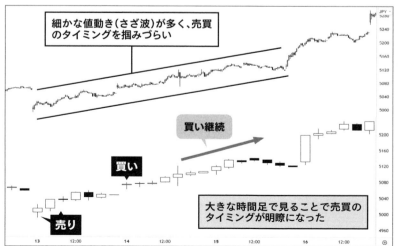

細かな値動き（さざ波）が多く、売買のタイミングを掴みづらい

買い継続

買い

売り

大きな時間足で見ることで売買のタイミングが明瞭になった

寄り天銘柄の売り圧力を 利用して空売り

投げ売りがひと段落した ところをスイングで買う

出来高を伴って上がっている銘柄は、翌日にGU（ギャップアップ）して寄り付くことが多い。ただし、地合いが悪いときなどは、寄り天となって下がっていくこともある。

また、上昇するスピードが早く、高値での売買を警戒されている銘柄なども、「いったん利確しておこう」と考える人たちによって売り圧力が強くなることがある。

この流れをイメージして、デイトレでは空売りを狙ってみるのもひとつの手。

スイングの場合、少し長い目で見て上昇していくことが見込めそうであれば、GUからの投げ売りが終わるのを待ち、反転したところを押し目と見て買おう。

寄り天したときの判断

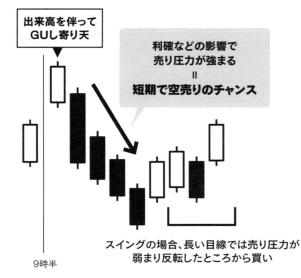

出来高を伴って
GUし寄り天

利確などの影響で
売り圧力が強まる
＝
短期で空売りのチャンス

9時半

スイングの場合、長い目線では売り圧力が
弱まり反転したところから買い

アルゴリズム注文 ▶ コンピューターシステムによって自動で注文を出す取引。テクニック026で解説したアイスバーグ注文もアルゴリズム注文のひとつ

寄付後に一気に下げた銘柄は
買いのチャンス

投げ売りによる大きな変動は一時的な下落になりやすい

　近年は、アルゴリズム注文による見せ板なども活発で、寄り付いた後に板が押し込まれることによって投げ売りが連発し、一気に下がることがある。

　こうした値動きは一時的で、ひと呼吸おいた後に戻すことが多いため、買いのチャンスとすることができる。

　長い下ヒゲになっていることなど

を確認し、そのまま下に抜けた際の保険として損切り注文は置きつつ、買いに回ってみよう。

　ただし、見せ板は一般的な売買においては禁止されていて、アルゴリズム注文でのみ許容されている。不正行為とならないよう、覚えておくとよい。

一気に押し込まれて反発する例

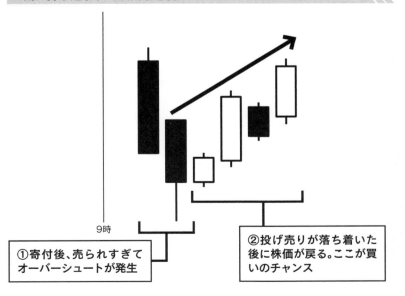

9時

①寄付後、売られすぎてオーバーシュートが発生

②投げ売りが落ち着いた後に株価が戻る。ここが買いのチャンス

見せ板　株を本来の価格より安く（売りの場合は高く）仕入れるために、売買する気がないのに、買い注文や売り注文を出すこと。不正取引のひとつ。テクニック027参照

基本 lecture 080 場中に好材料が出て上昇したら押し目を狙う

買い目線で見つつ 一度押すのを待つ

　場中に好材料が出た銘柄は、急騰することが多い。情報をいち早く手に入れる早耳勢などが好材料に反応して買い入れ、その値動きに反応したアルゴリズム注文が入り、株価が上昇する。そして株価が上昇すればさらに買いが続き、急騰するのだ。

　ただし、高値掴みしてしまう可能性もあるため、買うタイミングとしては一度調整が入ってから反発するのを待ちたい。また、材料が出て上昇したということは、その材料の分だけ企業の価値が上がったということであるため、急騰前の株価には理論上戻りにくい。もし、買いが続かず株価が下がってきた場合は、材料が出る前の価格が損切りポイントになる。

場中の決算発表で株価急騰

[アールビバン（7523）　5分足　2022年3月22日]

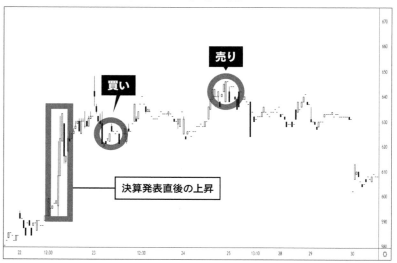

買い

売り

決算発表直後の上昇

ストップ高銘柄の
強弱を見極める

張り付いた後で
売り注文を出しておく

　材料が出てストップ高に張り付いた銘柄は、基本的には材料が高く評価されているということであり、翌日もGUして始まる可能性が期待できる。材料次第では連続でストップ高となることもある。

　そのような銘柄にうまく乗れた場合は、次の方法を使ってストップ高に張り付く強さを測ってみよう。

　まず、張り付いたことを確認した

ら、売り注文を出す。ストップ高が解除されるまでは売り注文は約定しない。仮に売り手が強くなり、15時までに寄って売れるようなら、張り付く力が弱いことを示している。その銘柄は翌日に売られる可能性があるので、持っていればその日のうちに手放す。最後まで張り付きそうであれば、15時前に売り注文を取り消して持ち越そう。

売り注文が約定したら弱いと判断

**張り付きを確認
したら売り注文**

ストップ高 ‥‥‥‥

**15時までに寄って売
り注文が通るようなら
弱いと判断**

9時

15時

103

基本 lecture 082

引け前の下落銘柄は 買いのチャンス

■ 引け前は上昇銘柄より 下落銘柄に注目

引け前は、手仕舞いの売りが出やすいという特徴がある。また、引け前に日経平均株価などの株価指数が下がれば、手仕舞いのため売りが多くなりやすい。

その場合、買い注文をキャンセルする人が増えたり、新たに買いが入れる人もいなくなるため、買い板が薄くなる。すると、少ない枚数で株価が大きく下がっていく。

このように、引け間際に少ない枚数で株価を下げた銘柄を買うと利益を得やすくなる。

引け間際は上がっている銘柄より、下がっている銘柄に注目するのもよいだろう。

■ 後場で下げる例

［コナミグループ（9766）　1時間足　2023年2月9日〜17日］

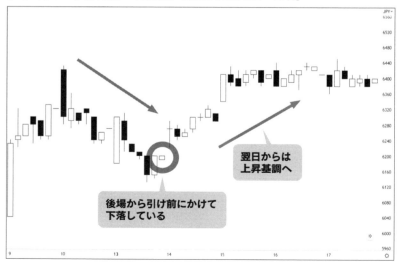

翌日からは
上昇基調へ

後場から引け前にかけて
下落している

下落からのリバウンド狙いは状況を見て行う

応用
technique
083

ストップ安までいくのは売り手の力が強い証拠

株価はオーバーシュート（一方に行きすぎる）することがある。

好材料が出た銘柄が大きく買われる状態や、悪材料が出た銘柄が売られすぎるといった状態だ。

特に、悪材料で売られた銘柄はオーバーシュートが発生している可能性があるため、逆張りでリバウンドを狙ってみるとよい。

ただ、あくまでも悪材料が出ている

ので、長く持たないようにしよう。また、ストップ安まで売られる銘柄は売り圧力が強いので安易な逆張りは危険。

ストップ安はリバウンドする可能性もあるが、翌日以降も下がって行く可能性があるので、買わずにスルーするのが無難だろう。

ストップ安になったときのイメージ

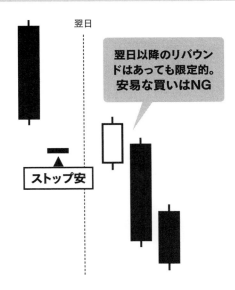

翌日

翌日以降のリバウンドはあっても限定的。安易な買いはNG

ストップ安

105

地合いによって ポジション調整を行う

地合いのよい上げ相場では 買いポジションを多めにする

中長期の投資と比べて、デイトレのような短期では地合いの影響を受けにくいのが特徴だ。地合いと連動しない銘柄を選ぶことで、さらに影響を抑えることもできる。ただし、地合いのよし悪しをまったく無視できるわけではない。

デイトレの場合、地合いがよければ買いで取りやすくなり、悪ければ空売りで取りやすくなる。そのような追い風を生かすためには、チャートの時間軸を大きくして相場全体の値動きを把握することが大事。例えば、地合いが悪いときは空売りのトレードを中心にしたり、買いポジションの保有時間を短めにする。

スイングの場合も同様に、上げ相場なら買いポジション多め、下げ相場なら売りポジションを多めにするというバランス調整が大切だ。

相場全体を確認する

[日経平均株価　日足　2022年1月〜4月]

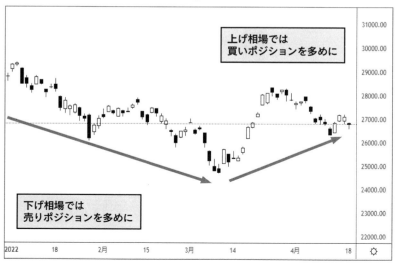

上げ相場では買いポジションを多めに

下げ相場では売りポジションを多めに

基本
lecture
085

チャネルラインは
エントリーと手仕舞いに有効

上抜けも上昇力が
強まるため注目

チャネルラインは、上昇トレンドの場合、株価の切り上がる安値を結んだ線である支持線に対して、上昇トレンドの始めの高値を結んだ線をいう。

特にレンジ相場においては、チャネルラインを活用することで、エントリーと手仕舞いのタイミングを測るのに有効となる。上昇レンジ内で株価が上昇しているときに出来高も増えていれば、上昇の力が強いことが伺える。

また、こうした相場の方向性を示すトレンドラインは、多くの投資家が注目するため、チャネルラインを突き抜けると、更なる買いの流入や空売りの買い戻しで株価が一気に上昇する傾向がある。

チャネルラインのイメージ

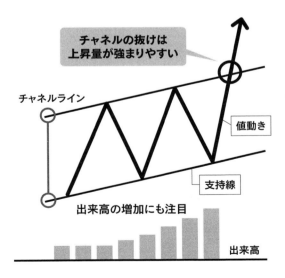

チャネルの抜けは
上昇量が強まりやすい

チャネルライン

値動き

支持線

出来高の増加にも注目

出来高

チャネルブレイクアウトは大陽線を確認する

安値の切り上げパターンは上昇に向かう可能性が高い

レンジからトレンドに変わる際の強いサインとしてチャネルブレイクアウトがある。

チャネルブレイクアウトとは、過去の高値・安値を目安にラインを引き、ラインをブレイクしたらサインと見る方法だ。

上昇の場合、上値が節目や戻り高値に抑えられ水平に推移しつつ、安値が切り上げているタイミングなどは、水平線を抜けると大きなトレンドが出やすい。こうした売りと買いのバランスが崩れて一方向に動くタイミングでエントリーできれば利益を得やすくなる。

ただし、一度高値を抜けた後に値下りし、もとのチャネルに戻るようなダマシの値動きもある。水平線をブレイクアウトする際のローソク足が大陽線になっているかを確認してから、上昇についていきたい。

水平線をブレイクアウトした例

[鈴木（6785）　日足　2022年6月～2022年9月]

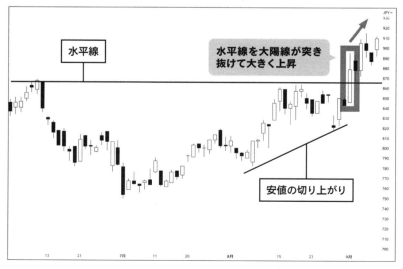

下落相場では逆張りで反発を狙う

株価は下げすぎると反発する傾向がある

デイトレのメリットは、下落相場でもすぐに手放すなど柔軟に動けて生き残れることだ。

上昇相場と比較して、下落相場では上がる銘柄数が5分の1程度に減ってしまうため、儲けるチャンスが少ない。安値で買い入れ、やがて株価が上昇したら売る、いわゆる逆張りは考慮したい。株価は下げすぎると自然と株価が反発する傾向にある。それを利用して、下げたタイミングで買い、反発した後の含み益を狙う。含み益を確認できたら、すぐに利益確定をしよう。その銘柄の再度の下げに巻き込まれるのを防ぐためにも、さらなる上昇を待たないことが利益を出すための要となる。

買い目線ではレジスタンスラインを意識

レジスタンスラインは参加者次第で変わる

トレード時にチャート上で特に意識するのはレジスタンスライン（上値抵抗線）だ。

レジスタンスラインを上抜けると「ここは下がらないな」と判断して飛びつくイナゴがイナゴを呼んで、一気に価格が伸びることがある。これは買いで入る場合に重要なポイントとなる。

ただ、上抜けても上昇が続かずに反転して急落するケースも多い。そのため、レジスタンスライン抜けの上昇を狙う場合、その前段階で仕込んでおき、抜けたら様子見するのが基本的なスタンスだ。ラインを少し上抜けてさらに伸びるかは、よくも悪くもほかの参加者次第だ。

前日高値のブレイクアウトで大きな利益を狙う

デイトレにおける
節目のひとつが前日の高値

株価の節目にはいろいろあるが、デイトレにおける節目のひとつに前日の高値がある。節目では利益確定や損切りの売り注文が多く発注される傾向があり、株価は頭が押さえ付けられた状態となって上昇しにくくなるもの。

それだけに前日の高値をブレイクアウト（抜く）できれば押さえ付けるものがなくなり株価は大きく上昇する傾向がある。上昇エネルギーの強い銘柄であれば、ブレイクアウト後にストップ高となることも多く、大きな利益を得られる可能性がある。

このブレイクアウト投資法は高値で買うことになるため、ダマシにあう可能性もあり、リスクと隣り合わせだ。エントリーと同時に逆指値で決済注文を出すなど損切りを行うことが勝率を上げるコツだ。

前日高値からのブレイクアウトのイメージ

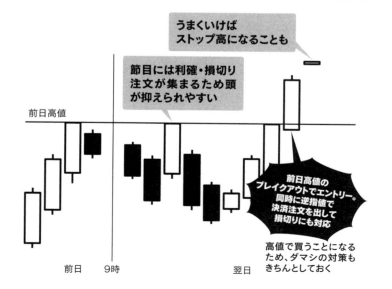

うまくいけば
ストップ高になることも

節目には利確・損切り
注文が集まるため頭
が抑えられやすい

前日高値

前日高値の
ブレイクアウトでエントリー。
同時に逆指値で
決済注文を出して
損切りにも対応

高値で買うことになる
ため、ダマシの対策も
きちんとしておく

前日　9時　翌日

ダマシ　　▶ テクニカル指標が示した売り・買いサインと反対方向に株価が動くこと

「ずっと持ってもいい銘柄」で デイトレをする

ウルフ村田

月足で5SMAの上を推移する 銘柄は買いを継続できる

デイトレでは、つい5分足などの短い時間軸ばかりを見てしまいがちだ。しかし、それでは相場の方向感を把握しないまま相場の大きな流れに逆らうトレードになってしまうケースも多いため、デイトレであっても相場を俯瞰する視点は常に持っておきたい。

そのためには「月足」で「5SMA」を表示するのが有効だ。下

のチャートは、2023年の年初から6月にかけて株価が約4倍に上昇したAbalance（3856）の月足のチャートだ。株価が上昇した2023年2月以降、ローソク足が5SMAを下抜けずに推移していることがわかる。この状態を私は「日向（ひなた）」と呼んでおり、株価が安定して上昇傾向にあると判断する。デイトレ目線でも月足が「日向」、買いを継続できる銘柄でトレードすることで勝率アップに期待できる。

「日向」の状態にある銘柄を月足で探す

［Abalance（3856）　月足　2022年3月〜2023年7月］

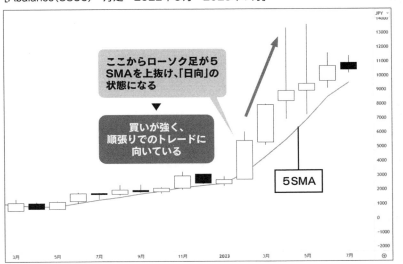

ここからローソク足が5SMAを上抜け、「日向」の状態になる

▼

買いが強く、順張りでのトレードに向いている

5SMA

SMA　▶　単純移動平均線。過去の終値の平均を算出した線。5SMAは、ローソク足5本分の動きを示す

基本 lecture 091

トレンドと逆方向の 大陽線・大陰線に注目

トレンド初動の 確認方法として有効

　トレンドがいったん発生すると、慣性が働くように価格が動く。そうして、最終的に出来高を伴った投げ売りを経てトレンドの転換期に移行するわけだが、その転換期を見分ける方法として底や天井付近で発生する大陰線・大陽線に注目するとよい。

　下降トレンドの場合、底打ち後、徐々に買いが入ってきて上昇を始め

る。加えて、さらなる下落を想定して売っていたトレーダーは直近高値付近に損切り注文を置くため、その買い戻しの注文が相まって上昇が加速することになり、大陽線ができる。こうした大陽線・大陰線が発生した後は相場の雰囲気が転換ムードになる。

　こうした流れに合わせて移動平均線自体も向きが変化していき、トレンド発生のサインとなることも多い。

大陽線によるトレンド転換

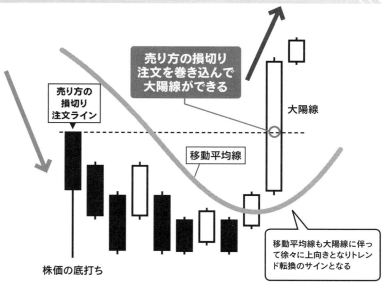

売り方の損切り注文ライン

売り方の損切り注文を巻き込んで大陽線ができる

移動平均線

大陽線

株価の底打ち

移動平均線も大陽線に伴って徐々に上向きとなりトレンド転換のサインとなる

下ヒゲを付けて上昇していると買いのチャンス

■ 増配を発表した銘柄が狙い目になる

地合いが悪くても、直近の決算発表で、業績や配当がよい銘柄は買われやすい。

2023年5月時点では、日本の株式相場は横ばいを続けているが、業績や配当がよく、出来高のある銘柄は下ヒゲを付けて、じりじりと上昇していくことが多い。

特に増配した銘柄はこの傾向にある。

そうした銘柄には「今日はこれぐらいまで下がってくるかな」という値段に買い指値を設定しておくとよいだろう。

常に指値に刺さりながら株価が上昇していくため、安値を捉えることができる。

■ 増配銘柄の株価

[アイエックス・ナレッジ（9753）　1時間足　2023年1月〜2月]

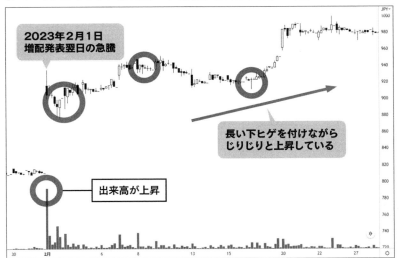

急騰で上ヒゲが付いた銘柄は様子見が無難

高値掴みした人たちが上ヒゲの部分で捕まっている

材料があって上昇した銘柄でも、買われすぎると高値圏で上ヒゲが付く。

勢いよく上昇している銘柄は、その前後が押し目となり、再び上昇していくケースもあるが、買いを考える前にヒゲの部分で買い捕まっている人がいることを想定し、高値で買った人の損切りにより下落が加速する可能性も考えておきたい。

どれくらいの人が高値で買ったかは、出来高や価格帯出来高などを見て分析しよう。

材料の内容にもよるが、上ヒゲが付くと基本的には上値が重くなるため、上昇に乗り遅れた場合などは様子見が無難といえる。

上ヒゲ後の値動きのイメージ

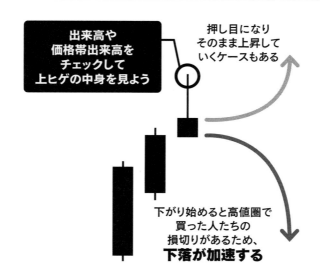

出来高や価格帯出来高をチェックして上ヒゲの中身を見よう

押し目になりそのまま上昇していくケースもある

下がり始めると高値圏で買った人たちの損切りがあるため、**下落が加速する**

価格帯別出来高 ▶ 約定した株数を価格帯別に表示したもの。通常の出来高はチャートの下に表示されるが、価格帯別出来高はチャートの横に表示される

持ち越しでGUを狙い利確する

寄付は前日の材料発表で大きく変動しやすい

寄付は、前日場が引けた後の材料をもとにしたトレーダーの注文が殺到しやすいため、比較的値動きが大きくなる傾向にある。こうした寄付の値幅を効率よく取っていくには、前日からの"１泊２日"の持ち越しトレードが有効。前日の14時30分〜大引けまでに大きく上昇したものや、上ヒゲを伴う陽線が出ている銘柄など、翌日まで勢いが続きそうも

のを買っておき、持ち越す。

翌日の寄付で予定通り始値が上昇してGUすれば、そこで利益確定。当然、目論見通りにいかないこともあるGDして始まった場合は、状況を見てナンピン買いをし、その分の利益は早めに確定する。

10時以降は相場の状況が変わるので、９時50分をすぎて下げが継続するようであれば損切りして、一連のトレードを終了する。

持ち越し戦略のイメージ

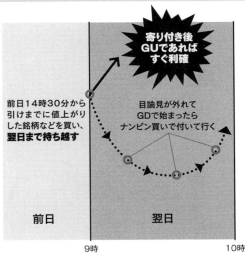

寄り付き後GUであればすぐ利確

前日14時30分から引けまでに値上がりした銘柄などを買い、**翌日まで持ち越す**

目論見が外れてGDで始まったらナンピン買いで付いて行く

前日　　　翌日

9時　　　　　10時

10時以降は相場状況が変わるので9時50分までに下がり続ける場合は損切り

GU・GD
▶ GU（ギャップアップ）は前日の引けの終値よりも、翌日寄付の始値が高くなること。
GD（ギャップダウン）は前日の引けの終値よりも、翌日寄付の始値が低くなること

基本 lecture 095

GU後は前日高値を維持できるかに注目する

反発を確認してからのエントリーで利益を狙える

　GUは、好材料の出現や前日の上昇を引き継いだ成行買いの増加、また、そうした株価の上昇エネルギーに耐えられなくなった空売りの買い戻しによって発生する上昇トレンドに転換するサインのひとつだ。

　初心者は成行買いで飛びついてしまい、高値掴みになりがちだ。

　というのも、強い買いエネルギーは株価のGUを起こすが、それに

よって利益確定の売りや、天井とみた空売りが入ってくることで短期的に売られることがあるからだ。

　いったん売られても、株価が前日の高値を維持し、反発を確認できた時点でのエントリーが望ましい。

前日高値で反発を確認後エントリー

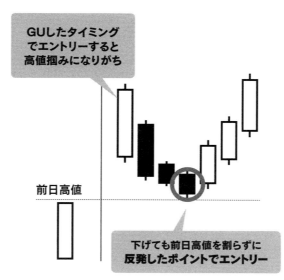

GUしたタイミングでエントリーすると高値掴みになりがち

前日高値

下げても前日高値を割らずに反発したポイントでエントリー

応用
technique
096

前日に強かった銘柄の
GDは狙い目

アメリカ相場と日本株の
連動性に注目して寄付を確認

　日本株は前日の米国株相場の動きに連動しやすいため、米国株が大きく下げると翌日の東京相場も全体として下げて始まり、多くの銘柄が前日終値から大きくGDした状態で寄り付くことが多い。

　だが、下げの圧力は一時的で、安く始まっても窓を埋めてもとのトレンドに戻ることが多いため、この上昇を狙った買いで入ることができ

る。

　ただし、これは日足など長い時間軸で大きなトレンドが出ていることが前提。

　寄付後の安値を更新するかどうかを確認後、更新せずに反発したらエントリーの準備をしよう。

GDしても戻すケース

前日の値動きが強い

GDして始まっても戻すケースが多い

前日　9時　翌日

大きな時間軸で上昇トレンドができていることが前提

Wボトムは
強い上昇のサイン

■ ネックライン抜けが
■ エントリータイミング

　強い上昇転換の代表的なチャートパターンに、Wボトムがある。名前の通り、2つの谷をつくり「W」の字に似た状態になることだ。

　下降トレンドからいったん反発するも安値が前回の安値と同じ水準まで下がってくることがある。ここで下げ止まり、前回の高値（ネックライン）を上抜いたところがエントリーポイントとなる。前回の高値を

上抜けることで、買いが優先だと判断されるため、買いが集まりやすくなるのだ。

　また、このネックラインの抜けと同時に出来高が急増してくると、より強い上昇のサインとして見ることができる。

■ Wボトムのイメージ

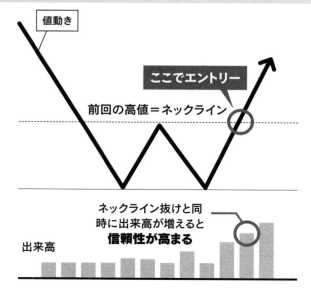

値動き

ここでエントリー

前回の高値＝ネックライン

ネックライン抜けと同
時に出来高が増えると
信頼性が高まる

出来高

やれやれ売り　▶ 株価が想定と反対に動いた後、もとの価格に戻ってきた際に、含み損を抱えていたトレーダーが、決済注文を出すこと

大きな株価上昇が見込める カップ・ウィズ・ハンドル

IPOセカンダリー投資で 現れることが多い

カップ・ウィズ・ハンドルは、下降トレンドから上昇トレンドに転換し、その後大きな上昇が見込める強いチャートパターンだ。

下降トレンドから緩やかに上昇に転じ、前回の高値と同水準になったとき、ここがネックライン（抵抗線）となり、やれやれ売りの発生などで、いったん株価が下落する。下落後に反発し、カップの柄の部分が

形成され、抵抗線を上抜ければ、強い上昇のサインだ。

同時に出来高も急増するポイントでエントリーとなる。

これはIPO株によくみられるチャートパターンでもあるため、IPOセカンダリー投資に役立つだろう。

カップ・ウィズ・ハンドルのイメージ

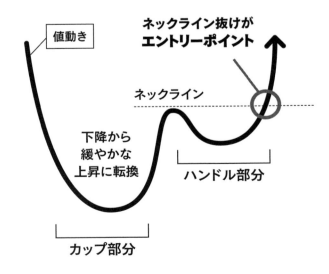

ネックライン抜けが
エントリーポイント

値動き

ネックライン

下降から
緩やかな
上昇に転換

ハンドル部分

カップ部分

応用
technique
099

ダマシを利用した「タートル・スープ」手法

過去20日間の安値に注目

　ブレイクアウトを狙っても「ダマシ」にあうことが多いが、この「ダマシ」を逆に利用する「タートル・スープ」という有名な短期売買の手法がある。①過去20日間の最安値を更新、②前回の過去20日間の安値を更新したのが４日以上前、③株価がその安値を上回り、④その日の値幅が４日間で最大なら、エントリーする。

　うまくいけば底値を拾うことができるが、「ダマシ」ではなく本当のブレイクアウトとなった場合は損失が大きくなる。ハイリスクハイリターンの投資法なのだ。エントリーと同時に損切り注文を入れておくのがよいだろう。

タートル・スープのイメージ

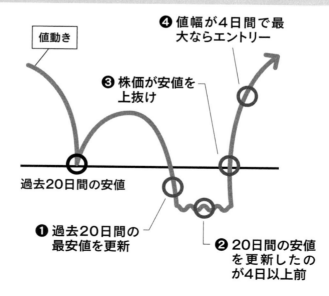

❹ 値幅が4日間で最大ならエントリー

❸ 株価が安値を上抜け

値動き

過去20日間の安値

❶ 過去20日間の最安値を更新

❷ 20日間の安値を更新したのが4日以上前

直近の損益状況を 5SMAで確認する

ウルフ村田

直近1週間の成績を チャート上で把握する

テクニック090では、月足の5SMAを使って値動きの方向性を確認するテクニックを解説したが、売買の具体的なタイミングを図る際では、日足での5SMAを活用できる。

買いエントリーで利益を取るには、日足の5SMAの上で、株価が規則的に推移しているときを狙うのだ。ここでいう規則とは、一定の幅で高値と安値が更新されており、支持線や抵抗線を綺麗に引ける状態のこと。

当然だが、日足の5SMAより上を推移するということは、直近の1週間での上昇の継続を示す。市場参加者は「成績がいいからまだ保有しておこう」と考えるため株価が下がりづらいのだ。反対に、空売りのエントリーで利益を取るには、ローソク足が日足の5SMAの下で規則的に推移しているときを狙うのが望ましい。

規則的な値動きをする銘柄でトレード

[レーザーテック(6920)　日足　2022年8月～11月]

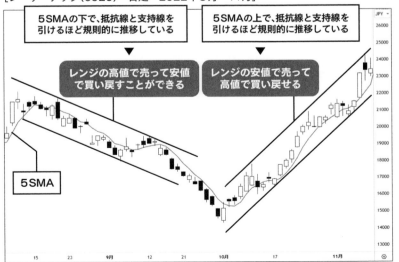

5SMAの下で、抵抗線と支持線を引けるほど規則的に推移している

5SMAの上で、抵抗線と支持線を引けるほど規則的に推移している

レンジの高値で売って安値で買い戻すことができる

レンジの安値で売って高値で買い戻せる

5SMA

大きな山ができた後は
デッドクロスで売りを入れる

ようこりん

リスク大

大きな山の後には
急落が起こりやすい

チャートに大きな山ができた後は、反動で株価の急落が起こりやすい。下図のチャートでも、上昇が急に途絶えて急落へ転じている。このとき、SMAの短期線が中期線を下回るデッドクロスが発生しているが、これは下降トレンドへの転換サインのためここで売りを入れよう。

数カ月単位でスイングトレードを行う場合、ローソク足が調整の度に決済したくなるが、50SMAの付近で反落しており、上昇トレンドには転換していない。信用倍率（テクニック065参照）も参考にしつつ、辛抱強く保有するとよいだろう。さらに、デッドクロスの発生から5カ月後に下落が一度止まっているが、これは制度信用の期限が6カ月であり、多くの投資家が期限前に空売りを決済をしたためと考えられる。これを予見できていれば、底値で決済できる可能性が高い。

デッドクロスで売りを入れ、6カ月後に決済する

［ファーストリテイリング（9983）　日足　2020年9月〜2021年12月］

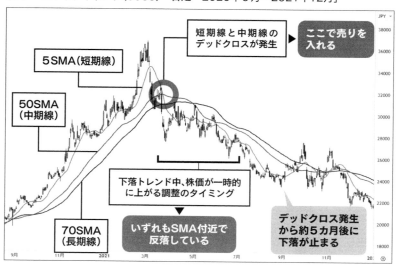

5SMA（短期線）

短期線と中期線の
デッドクロスが発生

ここで売りを
入れる

50SMA
（中期線）

70SMA
（長期線）

下落トレンド中、株価が一時的
に上がる調整のタイミング

いずれもSMA付近で
反落している

デッドクロス発生
から約5カ月後に
下落が止まる

デッドクロス　▶ SMAの短期線が中期線や長期線を下抜けること。株価が下落するサインとされている。
両方の線が下がっているとより信頼が高いといわれている

トレンド中の出来高急増は転換のサイン

出来高急増時は安易な順張りは危険

チャートや出来高は、いわばその銘柄の「履歴書」である。

例えば、下落相場の最後に参加者の大半が弱気になり、大量の売り注文が相次ぐことで相場が急落する状況のことを「セリングクライマックス」と呼ぶが、こうした下げ続ける状況で大きな出来高を伴った陽線が出ると、上げ基調になることが多い。セリングクライマックスの反対、つまり上昇相場の最後に大量の買い注文が出ることで急上昇する状況を「バイイングクライマックス」というが、上げ続けている銘柄に大きな出来高で陰線が出きると、下げ基調に転換することが多い。

また、酒田五法の「三尊」や「逆三尊」のように、トレンド転換を確認してから入っても遅くはない。

出来高を伴って反転する例

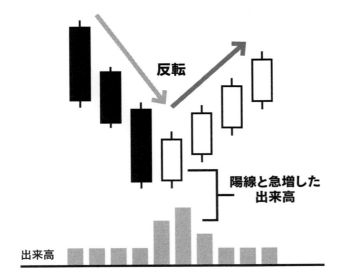

反転

陽線と急増した出来高

出来高

価格帯別出来高を利用して利ざやを獲得する

現在の株価が高いか安いかを判断する

価格帯別出来高を見て、重い（よく売買されている）価格帯と、軽い（それほど売買されていない）価格帯を把握しておくとよい。

例えば、1500円付近で売りが多い場合、1500円で利益確定したい投資家が多いということになる。そのため、株価は1500円以上にはなりにくい。すると、早く利益確定したい投資家が1500円より安い値段で売ることになり、1500円付近で株を買い入れた人たちが取り残されていく。この現象を「上値が重くなる」という。

このように、重い価格帯で売買される機会が多い。つまり、株価は重い価格帯まで変動するとも捉えられる。したがって、あえて軽い価格帯で買い入れ、重い上値まで上昇することを狙って利ざやを獲得していくとよいだろう。

価格帯別出来高で売買のタイミングを見る

[イオンファイナンシャルサービス（8570） 日足 2022年1月～4月]

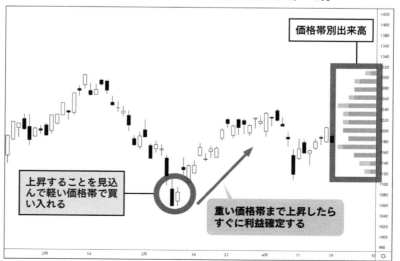

価格帯別出来高

上昇することを見込んで軽い価格帯で買い入れる

重い価格帯まで上昇したらすぐに利益確定する

逆三尊　▶ 相場の底を示すチャートパターンのこと。3回安値を付け、その後再び上昇する

基本
lecture
104

ボリンジャーバンドは
広がり＆＋２σで順張り

＋２σを超えてくると
方向感に勢いが出やすい

ボリンジャーバンド（BB）とは、移動平均を表す中心線と、その上下に値動きの幅を示す線であるσを加えたチャート。「２σの線なら95％の値動きがこのなかに収まる」という統計学を応用したテクニカル指標だ。

５本の線の間をバンドといい、バンドが細く収束しているときは値動きが小さくなっているとわかる。そ

れが急に拡大し、５本線がラッパのように広がったときは値動きが大きくなったということ。そして価格が「＋２σ」を超えてきたら、通常95％収まっている範囲を超えるほど強い動きであり、それに順張りで乗るのが効率がよい。下図では、＋２σをしっかりと上抜けてから強い上昇トレンドが発生している。こうしたタイミングではデイトレでもスイングでも、順張りが利益を得やすくなる。

＋２σ抜けで上がった例

[レーサム（8890）　日足　2022年1月〜4月]

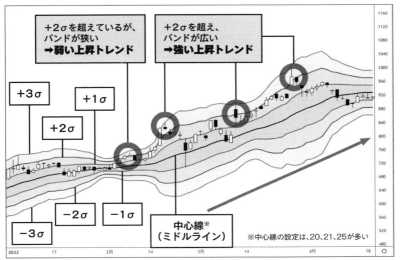

＋2σを超えているが、
バンドが狭い
➡弱い上昇トレンド

＋2σを超え、
バンドが広い
➡強い上昇トレンド

+3σ　+1σ　+2σ　−2σ　−1σ　−3σ

中心線※
（ミドルライン）

※中心線の設定は、20、21、25が多い

125

「三役好転」は強い買いシグナル

3つのサインに注目して転換を見極める

一目均衡表には「三役好転」という強い買いシグナルがあり、次の3つの条件が揃う必要がある。①転換線が基準線を上抜ける（均衡表の好転）、②遅行スパンがローソク足を上抜ける（遅行スパンの好転）、③①②の後にローソク足が雲を上抜ける。この3つのシグナルが出たときは、強い上昇トレンドを示し、絶好の買いのエントリーポイントとなる。

また同時に転換線が基準線より下にあるときは強気であることが表され、基準線と転換線がともに上昇していれば株価は上昇トレンドとなる。これを大前提とすることで「三役好転」によるエントリーをより確実にできるのだ。世界的に使われている指標のため、投資家心理がどの方向に向いているのかを探るにも役立つ。

三役好転の例

[エス・エム・エス（2175）　日足　2022年8月〜2023年1月]

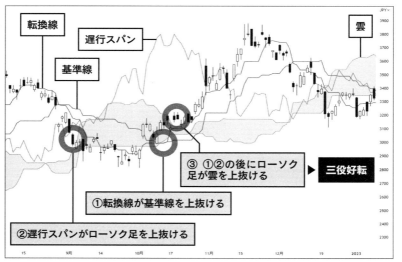

一目均衡表　▶ 基準線、転換線、遅行線と、2本の先行スパンで構成された雲が特徴のテクニカル指標

一目均衡表での遅行スパンの活用法

応用
technique
106

シンプルにトレンドを分析できる遅行スパン

一目均衡表は「一目（ひとめ）」でわかるといわれるように直感的にわかりやすいテクニカルである。

しかし、実際は非常に奥が深く、かなり腰を据えて勉強しなければならないため、雲など一部だけを切り出して利用されていることも多い。ほかにも、遅行スパンは現在の足を26本分後ろにずらした線で、単純に遅行スパンがロウソク足を上回っていれば「買い」と考え、遅行スパンがロウソク足を下から上に抜けたところを狙う。これはゴールデンクロスの考え方と似ており、トレンドが分析できる。

例えばサンリオ（4310）は、2022年5月18日に遅行スパンがローソク足を上放れした後、2022年6月30日に上昇トレンドに転換し、大きく上昇している。

遅行線の上抜けサインが出た例

[サンリオ(8136)　日足　2022年4月～12月]

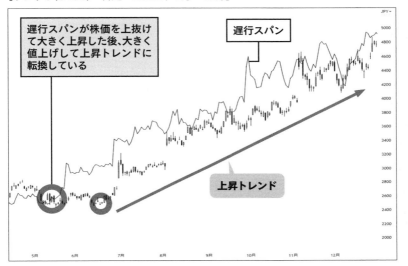

遅行スパンが株価を上抜けて大きく上昇した後、大きく値上げして上昇トレンドに転換している

遅行スパン

上昇トレンド

遅行線　　▶ 当日の終値を、ローソク足26本分後ろ（チャート左側）に表示させた線

基本 lecture 107 ストキャスティクスは 利確の目安として使う

80％を下抜けたタイミングを 確認して利確

ストキャスティクスは、「買われすぎ」「売られすぎ」を示すオシレーター系のテクニカル指標であるため、逆張りエントリーの基準として解説されることも多い。

しかし、いったんトレンドができると、値動きが値動きを読んで加速することが多いため、ストキャスティクスで買われすぎの水準になったとしてもトレンドが継続する可能性が高く、指標通りに逆張りで入っても損をしがち。

だが、いわれている通りの見方でなく、ポジションを持った状態で、ストキャスティクスが80％のラインを下抜けるタイミングを利確ポイントの目安として利用することはできる。

ストキャスティクスの活用例

[レーザーテック（6920） 日足 2023年1月〜4月]

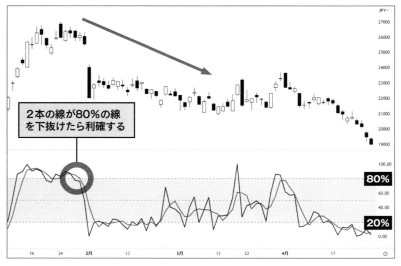

2本の線が80％の線を下抜けたら利確する

オシレーター系 ▶ テクニカル指標のタイプのひとつ。銘柄の買われすぎ、売られすぎを判断するもの

応用 technique 108

RSIは逆張り指標だけではなく順張り指標としても使える

50%より下か、上かでトレンド継続を確認

オシレーター系の代表であるRSIは「売られすぎ」「買われすぎ」の逆張り指標と解説されることが多い。セオリーでは、RSIが80％を超えたら「買われすぎ」、20％を下回ったら「売られすぎ」とされている。しかし、実際は買われすぎのラインを超えてもトレンドが続くことが多い。

そこで、見方を変えて、50％の

ラインより上にある限りは「買い継続」、下回ってきたら「利確」、とすることで順張りの指標として使うことができる。

利確はもちろんRSIが50％を下回らずに、価格が反転するような場合には、押し目買いの基準としても使える。

50%より下か上を見る

［リソルHD（5261）　日足　2022年12月～2023年4月］

基本
lecture
109

2本線のRCIで相場の転換点を探り長くトレンドに乗る

トレンド転換を確認してから買う

順張りのスイングでは、株価の転換点を把握することが大事。

その把握が早いほど、長くトレンドに乗ることができる。

そこで有効なのがRCI（Rank Correlation Index）。RCIは相場の過熱感を測るテクニカル指標で、通常、RCIが80％以上になると買われすぎを示すため売りサインとなる。−80％以下になると売られす

ぎと判断され買いサインとなる。

スイングで買う場合、株価の大底で買うのが理想的ではあるが、底を的確に見極めるのは難しく、下落中やヨコヨコの状態で買うとさらに一段下がるリスクもある。

本来RCIは1本の線で構成されているが、設定の違う線をもう1本追加して、RCIの2本の線が交差し、トレンドが上向きに変わったことを確認してからのほうがリスクが低くなる。

RCIを表示させた例

[三菱UFJフィナンシャル・グループ（8306）　日足　2022年7月〜8月]

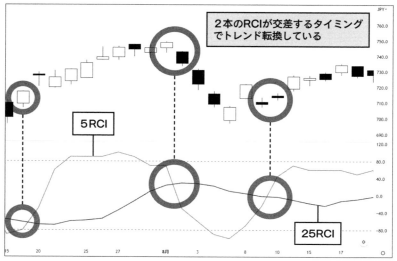

2本のRCIが交差するタイミングでトレンド転換している

5RCI

25RCI

ヨコヨコ　　▶ 株価が上昇も下降もせず、横ばいが続いている状態のこと

短期の押し目買いの基準に 2本線のRCIを使う

応用 technique 110

短期が上向くタイミングでエントリーする

RCIはオシレーター系のテクニカル指標ではあるが、トレンドが発生しているときでも有効に使うことができる。

RCIを長期と短期で2本（3本表示するツールもある）表示させ、上昇トレンドの場合は長期をトレンド継続の判断、短期はトレンドの合間に入る調整の有無を判断というように、2つの目線で見てみよう。

トレンドが発生していると長期は100%に近づく形で横ばいになるが、短期はその間の調整に反応して上下する。この短期がいったん下がった後に上向きに変わるポイントをエントリータイミングとして使うことで押し目買いが可能になる。

RCIを押し目買いに使った例

[日本製鉄（5401）　日足　2022年11月〜2023年3月]

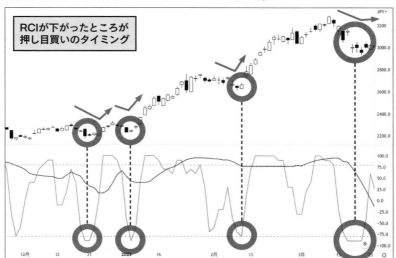

RCIが下がったところが押し目買いのタイミング

押し目買い　▶ ローソク足が上昇中、一時的に下がったときに買う手法。また、下落中の一時的な上昇での売りを戻り売りという

応用 technique 111

オシレーター系の指標は「切り返し」を確認すべき

ウルフ村田

一定の値に到達しただけではダマシの可能性がある

相場の過熱感を把握するためによく使われるオシレーター系指標。

RSI（テクニック108参照）やRCI（テクニック109、110参照）などが定番だが、これらのテクニカル指標は共通して「切り返し後」に注意すべきである。

一般的な解説では、例えばRCIは±80％のラインに注目すべきだとされ、上下どちらかが±80％ライン到達すると「売られすぎ」「買われすぎ」と判断される。しかし指標がラインに「到達」したポイントは「上昇・下降どちらかへの過熱感が高まっている状態」であり、価格はすぐに反転するとは限らず、しばらくは勢いが続くことが多い。下図のチャートでも、切り返し後にトレンドが転換しているのがわかる。

このように、オシレーター系指標全般で、「切り返す」ポイントに注目しておきたい。

オシレーター系の指標は切り返したタイミングで売買する

[広済堂HD（7868）　1時間足　2023年5月22日～6月1日]

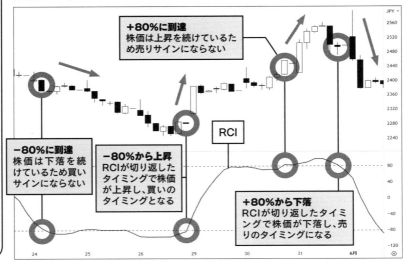

+80％に到達
株価は上昇を続けているため売りサインにならない

-80％に到達
株価は下落を続けているため買いサインにならない

-80％から上昇
RCIが切り返したタイミングで株価が上昇し、買いのタイミングとなる

+80％から下落
RCIが切り返したタイミングで株価が下落し、売りのタイミングになる

RCI

MACDを使って
いち早くトレンドを確認

ダマシが出やすい
デメリットもある

MACDは、「短期EMA－長期EMA」によって算出されたMACD線と、MACDの数値をもとにしたSMA（単純移動平均線）で表示されたシグナル線の2本のラインで構成されている。このMACDを使うとトレンドの発生地点をいち早く把握できる。

MACD線がベースとしているEMA（指数平滑移動平均線）は、SMAで表示されたシグナル線よりも直近の終値を重視した計算式であるためトレンド発生のサインが比較的早く出やすくなるからだ。

一方でサインが早いということはレンジなどでダマシが発生しやすくなるというデメリットもある。

MACDのサインだけをうのみにせず、ほかのサインと併せて見ていくことが必要だ。

MACDを表示させた例

［大正製薬HD（4581）　日足　2022年6月〜2022年9月］

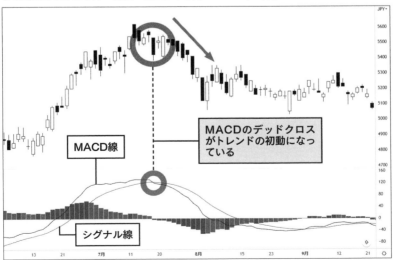

MACD線

MACDのデッドクロスがトレンドの初動になっている

シグナル線

ADXが30以上で上昇トレンド持続の程度を把握する

■ トレンドの強さをはかる指標

　株価のトレンドを確認する方法には、移動平均線が最もポピュラーに使われているが、そのトレンドの強弱も合わせて知っておくと持続の程度がわかるだろう。

　トレンドの強弱をはかるのはADXという順張りの指標が使える。

　ADXは価格の上昇力を表すラインである＋DMIと、価格の下落力を表すラインの－DMIで構成され、＋DMIが－DMIを上回っていれば、その株は上昇力が強いとされる。

　同時にADXが30以上あれば、上昇トレンドが強い、と判断できる。

　移動平均線の向きなどの指標と合わせて見るとより効果的だろう。

■ ADXを表示させた例

［クロスプラス（3320）　日足　2022年9月〜2023年1月］

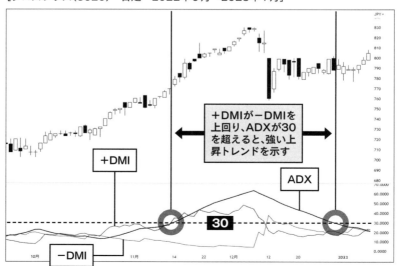

+DMIが−DMIを
上回り、ADXが30
を超えると、強い上
昇トレンドを示す

+DMI
−DMI
ADX
30

応用
technique
114

底値探知法で
割安に株を購入する

川合一啓

底値探知法は
買いのスイングトレード

相場には短期的に売られすぎている銘柄が存在し、そのなかには大きく反転上昇をする可能性が高いものがある。「底値探知法」はそうした銘柄を狙う手法だ。

売られすぎている銘柄かどうかを判断するテクニカル指標の条件は、①ボリンジャーバンドの日足終値が－2σに触れている。②25日移動平均かい離率が－10％以下。この

2点を満たしている銘柄を探し監視する。そして、10日以内に以下の2つのサインが出たら反転上昇する可能性が高い。ひとつ目は、ローソク足が陽線であること。2つ目は、前日の高値よりも当日の高値が高くなっていること。この条件に合致した銘柄でエントリーするかを検討する。銘柄選びに慣れれば、月に10％以上の利益を狙える損小利大の手法だ。

移動平均かい離率とローソク足のサインで買いを入れる

[メドレー（4480） 日足 2022年9月〜11月]

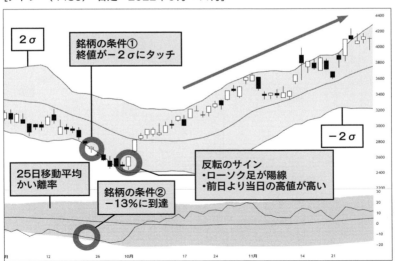

応用 technique 115

下げ相場で儲ける
トルネード1%急降下砲

川合一啓

トレーダーの人間心理と 株式相場の流れが重要

株式市場は9時〜10時30分の間に活発に動くが、その後は利益確定やポジションを減らすための売りが出やすくなる。また、10時30分までにローソク足や出来高で過熱感が出ると反転下落が起きやすくなる。この相場心理を利用して空売りができる。対象銘柄の条件は「グロース市場かスタンダード市場の新興銘柄」「ティック回数ランキングが概ね20位以内」「上昇率が過去10分で2%以上」の3つ。すべての条件を満たした銘柄が見つかれば、具体的なエントリータイミングを探るために5分足チャートを表示させる。5SMAからローソク足が離れ、出来高が増加したら売りのエントリーチャンスだ。日足の抵抗線も意識しつつ、過熱感が出たポイントでエントリーする。ただし、グロース市場では売りトレードができない銘柄が多いので一日信用取引で行おう。

10時30以降の値動きの下落を狙った手法

[PKSHA TECHNOLOGY（3993）　5分足　2023年6月16日]

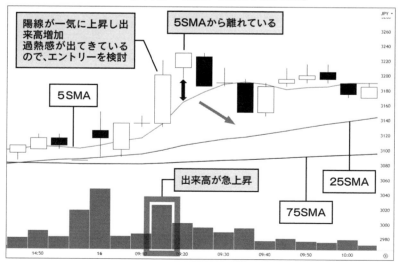

陽線が一気に上昇し出来高増加
過熱感が出てきているので、エントリーを検討

5SMAから離れている

5SMA

出来高が急上昇

25SMA

75SMA

ティック回数ランキング　▶ 取引数が多い銘柄のランキング。株探などのサイトで閲覧できる

応用
technique
116

急騰銘柄傍受システムで
上昇する銘柄を探す

川合一啓

急騰銘柄の初動を
掴んで大きな利益を得る

「急騰銘柄傍受システム」は、急騰する銘柄の初動を狙った手法だ。

まず、取引が活発な銘柄に絞るため、投資情報サイトのティック回数ランキングで20位以内の銘柄のみを対象とする。ランクインした銘柄の日足チャートを見て、①上昇トレンド・上場来高値・年初来高値を更新している。②日足で直近のローソク足が5SMAと近い。のどちらにも当てはまっているかを確認しよう。

2つともクリアしていれば、5分足チャートで、③当日の出来高が過去数日と比べて大きいかを確認する。当日の出来高が大きければすべてクリアできた銘柄があれば急騰する可能性が高いため、すぐに買いエントリーを入れよう。さらに、5分足で株価が下がってもすぐに下ヒゲが出ていれば買いが強く、より急騰の可能性が高い。

チャートからわかる急騰する銘柄の特徴

[エクサウィザーズ（4259） 日足
2023年1月～6月]

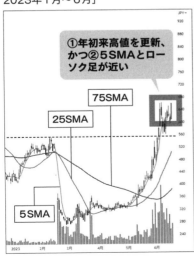

①年初来高値を更新、かつ②5SMAとローソク足が近い

75SMA

25SMA

5SMA

[エクサウィザーズ（4259） 5分足
2023年6月2日～6月6日]

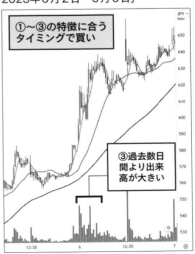

①～③の特徴に合うタイミングで買い

③過去数日間より出来高が大きい

基本 lecture 117
長短のHVのくせを活用し
大きなリターンを得る

短期HVと長期HVの間隔に注目

　短期で利益を上げたい投資家にとって、オシレーター系テクニカル指標「ヒストリカル・ボラティリティ（HV）」を使えば株価の動きやすさを探ることができる。HVは「歴史的変動率」と呼ばれ、株価が過去にどれだけ動いたかをはかる指標だ。

　ボラティリティが通常より高くなっていれば、それだけ通常の水準に戻ってくるという「くせ」を活用する。例えば、過去5日のHVが10、過去200日のHVが15だとしたら、短期HVも15に近づいてくるということだ。この場合、短期HVが長期HVの半分程度まで下がっていると株価の動きも大きくなるとされる。そこからトレンドを把握していると大きなリターンを得られる可能性がある。

HVからトレンドを把握する

[ダイキン工業（6367）　日足　2022年8月〜2023年2月]

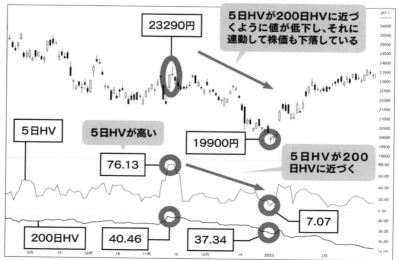

5日HVが200日HVに近づくように値が低下し、それに連動して株価も下落している

23290円

19900円

5日HV

5日HVが高い

76.13

200日HV

40.46

37.34

5日HVが200日HVに近づく

7.07

基本 lecture 118
VWAPは支持線や抵抗線として見る

VWAPを株価が下回ったら買い

VWAPとは売買高加重平均価格のことで、取引所で当日に成立した価格を価格ごとの出来高で加重平均した値。つまり、株を保有している全員の損益の合計を平均したもので、VWAPが株価を上回っている場合は全員の損益を合計するとプラス、株価を下回っている場合はマイナスになっているという見方をする。

例えば、VWAPが500円で株価が505円だとすると、株を持っている人の半分が5円の含み益が発生している状態で、強気の相場といえる。

このことから、VWAPは支持線や抵抗線として機能することが多い。VWAPと株価がかい離すると、株価がVWAPに吸い寄せられるように戻る。VWAPと株価がかい離しているポイントを押し目買いや戻り売りの目安として捉えるとよい。

VWAPを使った売買のタイミング

［コナミHD(9766)　1時間足　2022年4月8日〜20日］

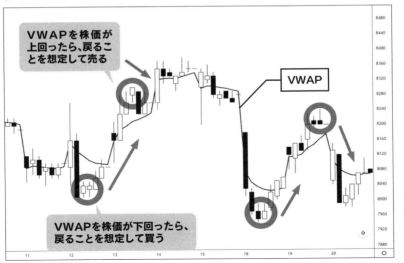

VWAPを株価が上回ったら、戻ることを想定して売る

VWAP

VWAPを株価が下回ったら、戻ることを想定して買う

VWAP　▶ 1日の売買代金÷1日の出来高で算出される

応用 technique 119 使い慣れたテクニカル指標で デイトレの判断を

ようこりん

使い慣れた指標を 組み合わせてチャンスを掴む

基本的には使用するテクニカル指標を絞ったほうがわかりやすいが、使い慣れたものであれば組み合わせて使うのも一手だ。私はデイトレで、一目均衡表（テクニック105参照）、RSI（テクニック108参照）、ストキャスティクス（テクニック107参照）をよく利用する。いずれかの指標が買いサインを出したり、買いサインが重なったタイミングで

エントリーしよう。下図のチャートでは、ストキャスティクスが急落して買いサインを示した。また、一目均衡表の雲がローソク足の下にあるときは雲が支持線になりやすいため、下落しづらいと予測できる。結果、この日は日経平均株価の地合いが強く上昇していった。地合いが強い日はどこで利確をしても問題ないが、下図において利確の目安をつくるとしたら、RSIが70％を超えて切り返したタイミングなどとなる。

3つのテクニカル指標を使ったデイトレ

［オリエンタルランド（4661）　5足　2023年4月17日～18日］

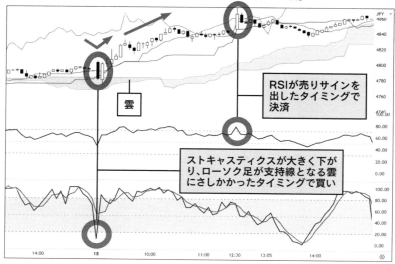

雲

RSIが売りサインを
出したタイミングで
決済

ストキャスティクスが大きく下が
り、ローソク足が支持線となる雲
にさしかかったタイミングで買い

基本 lecture 120 多くの人が見る指標は 信頼度が高い

多くの人が見ている指標は 株価に与える影響が大きい

テクニカル分析の指標は複数あり、それぞれ活用できるポイントや信頼度が異なる。信頼度という点ではどれだけ多くの人が見ているかが大事。というのは、多くの人が見ている指標ほど、テクニカルのサインが売買の判断に影響しやすくなり、株価を動かす要因になるからである。例えば、ローソク足と移動平均線はテクニカルで売買する人なら

ほとんど見ている。そのため、ローソク足が25SMAに近づくと反発が意識され、その付近で買う人が増える。下抜けたときに売る人が増え、下落スピードが増したりする。指標を使う際には、知名度や認知度を意識することが重要だ。

見ている人が多いポイントは反応しやすい

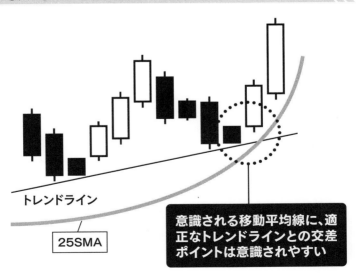

トレンドライン

25SMA

意識される移動平均線に、適正なトレンドラインとの交差ポイントは意識されやすい

3つの時間帯の
チャートの時間軸を同期させる

短い時間軸から
変化が起きる

　自分の売買の中心となる時間軸を中心に、それよりも長い時間軸と短い時間軸の3つのチャートを並べてみると、相場の動きが見えてくる。

　30分程度の間隔で売買を繰り返していく場合、15分足であれば売買タームのうち2回は足を描くこととなり、反応がよくなる。そして、15分足を中心に長い時間軸として1時間足を、短い時間軸は3分足を並べる。

　短い時間軸は、状況の変化にいち早く反応する。それが次第に長い時間軸に波及していく。短い時間軸に反応が早い分、ダマシが増えるが、長い時間軸に行くほどダマシの回数が減っていく傾向にある。

　短期の時間軸の役割は値動きの初動の把握、長期の時間軸は値動きの方向感の確認していくと、15分足のトレードに役立つ。

3つの時間軸のチャートを並べた例

[ソフトバンクグループ(9984)15分足]

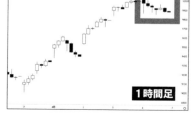

短い時間軸では少しの変化でも捉えることができるが、反面ダマシも多い。自分の取引する時間軸と併せて1段階長い時間軸も見ることで、**ダマシを減らす**ことができる

応用
technique
122

米国株の値動きを見て売買方針を決める

前日の米国の値動きを毎朝チェックする

国内の株式市場と米国の株式市場は相関性が高く、その影響を受けやすい。相関性が高い理由としては、国内の株式市場における外国人投資家の影響力が大きいことが挙げられる。

また、日米の市場は開いている時間が真逆であるため、連続性も生まれる。例えば、ダウ平均株価が上がって終われば、その流れを引き継いで翌朝の日経平均株価もGU（ギャップアップ）することが多く、その反対も起こり得る。

下図はダウ平均株価でGUとGDが短期間に発生したことで、日経平均株価でも2回反発していることがわかる。米国株市場の値動きが悪かった場合は、国内の株式市場の地合いも悪くなるだろうと想定し、デイトレでは買いを減らし、スイングではポジションを調整するなどの対策を考えるとよいだろう。

ダウ平均株価と日経平均株価の連動性

[ダウ平均株価　日足　2022年7月〜11月]

[日経平均株価　日足　2022年7月〜11月]

ダウ平均株価が反発した翌日、日経平均株価も反発する

ダウ平均株価	▶ ダウ・ジョーンズ工業株平均。米国株式市場の代表的な指標のひとつ。米国を代表する30銘柄で構成される

応用 technique 123

楽観と悲観が共存するなかでの大幅上昇は売り

売りのサインが出たら利確して次のチャンスを狙う

何かの拍子に日経平均株価は大幅に上昇することがある。今後、明るい相場展望が期待できる場合はすぐ売る必要はないが、楽観論と悲観論が共存しているときの大幅上昇は、いったん売りとして考えたほうがよいだろう。

例えば、いい情報と悪い情報の両方が聞こえている状況で、日経平均株価が1日で1000円以上上がった場合は、短期的には売ってもよいサインとなる。また、個別株であれば、ストップ高を数回繰り返したときなども、売りサインのひとつとなる。必ずとはいえないが、大幅上昇した翌日は反落することが多いからだ。

デイトレをする場合は、売りのサインが出たらすぐに利確し、次のチャンスを狙っていくとよいだろう。

日経平均株価が1000円上げて翌日に反落した例

[日経平均株価　45分足　2022年3月8日〜15日]

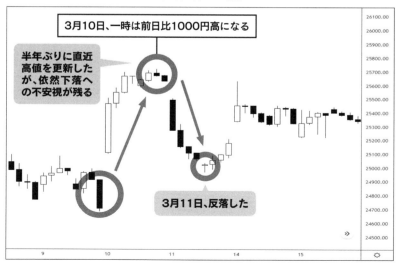

3月10日、一時は前日比1000円高になる

半年ぶりに直近高値を更新したが、依然下落への不安視が残る

3月11日、反落した

144

応用
technique
124

日経平均株価が200円下げたら新興株は手仕舞いする

200円割ったら
手仕舞いする

テクニック082とも関連するが、特に新興株では日経平均株価といった指数が下がると売りにまわる市場参加者が増える。

そのため相場での注目度が高いなど、銘柄に優位性があったとしても、こうした投げが出ると、その後の売買に関しては運要素が増え優位性が失われることから、新興株の手仕舞いを考える。

下図は日経平均株価のチャートだ。

寄付から200円下がった後、一気に下落しており、その日は1日中下落基調だったことがわかる。

このように、手仕舞いのひとつの目安として、「日経平均株価が200円を割ったら売り」を覚えておこう。

200円下げたら手仕舞いする

[日経平均株価　5分足　2022年1月27日]

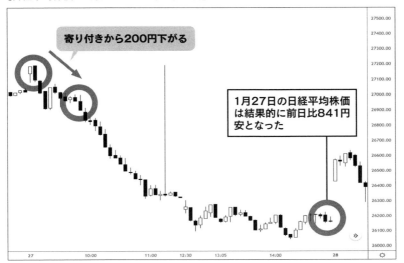

寄り付きから200円下がる

1月27日の日経平均株価は結果的に前日比841円安となった

相場のサイクルがわかる
スクリーニングがある

藤本誠之

今の相場のサイクルを
確認してから株式投資に挑む

相場は上昇や下落のサイクル繰り返している。SBI証券の「チャート形状銘柄検索ツール」というスクリーニング機能を使うと、このサイクルの概況を把握できる。

本来、これは「急上昇」「天井」など計25個のチャートの形状に合致する銘柄数と銘柄名がわかるサービス。しかし、考え方を変えると、上昇の形状になっている銘柄数が多い場面では、相場全体が上昇傾向にあるといえる。つまり、どの形状に該当する銘柄が多いかによって現在の相場を把握できるのだ。

また、上昇したものは必ずどこかで下降する。そのときは「チャート形状銘柄検索」内の数字の偏りが変わり、下降傾向にある銘柄の数が多くなる。その後、下降しきった銘柄はまた上昇し始める。このように、スクリーニング機能を応用して、相場の上下のサイクルを把握しよう。

チャート形状銘柄検索で相場のサイクルを知る

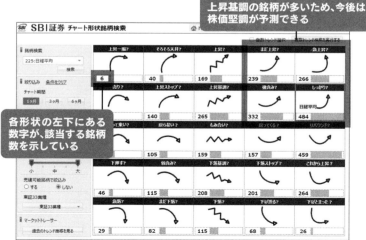

SBIのチャート形状銘柄検索ツール(https://chartfolio.sbisec.co.jp/?hashkey=a2bcc606ab24ecbd60a59caf70e3ef3201f6b0aa&ctype=mainsite&site=www.sbisec.co.jp)。

ファンダメンタルズ

株価に影響を与える要素は
業績、ＰＥＲやＰＢＲなどの株価指標、
日経平均株価などの株価指数など多様にある。
それらから現在の株価のあり方を分析することを
ファンダメンタルズ分析という。
ここではその注目ポイントや情報収集のテクニックを解説する。

不祥事が起きても
その内容を見極めることが大事

企業の不祥事を機に
株価が急騰することも

経済全体の動きによる株価の急落とは別に、企業の不祥事による保有銘柄の急落が起こることもある。デイトレの場合、まず売りから入って、安値で買い戻して、その差額で儲けるという方法が一般的だが、他企業から救済が入ったり、不祥事の内容が会社全体への影響が少ないと判断されると、株価が下落してもすぐに上昇へ転じることもある。

例えば2019年8月に就活サイト「リクナビ」を運営するリクルートHD（6098）が、就活生の内定辞退率を本人の同意なしに有償で38社に提供していたと報道された。同社の株価は3693円から3150円まで急落したが、報道から約1カ月後には陽線をつけ、11月末には4045円まで上昇した。保有していても、急落後に急騰する可能性も視野に入れ、焦って売り払うことがないように落ち着いて相場に臨もう。

一時的に下がっても売り払わない

［リクルートHD（6098）　日足　2019年7月～12月］

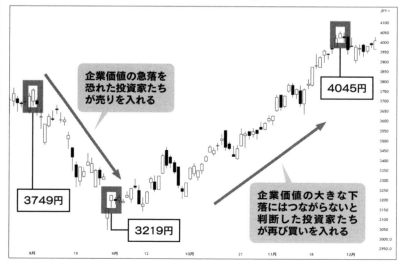

企業価値の急落を恐れた投資家たちが売りを入れる

3749円

3219円

4045円

企業価値の大きな下落にはつながらないと判断した投資家たちが再び買いを入れる

時事関連の突発的な上昇は2〜3週間で終わる

すでに上がりきっていたら割り切るのも大切

時事に関する突発的な出来事による株価の上昇は、一時的なものだ。

2022年2月、ロシアのウクライナ紛争を受けて、戦争関連銘柄の株価上昇を予想した投資家も多くいただろう。しかし、実際にはロシアがウクライナに侵攻した日より、1カ月以上前に戦争関連銘柄はピークを付けていた。

一般に広く知れ渡ったときには、すでに高値を付けた後だったということが多くある。突発的な出来事による上昇の約90%は2〜3週間で終わるため、気づいたときすでに上がりきっているなら、割り切って買わない判断をすることが大切だ。

選挙の公約に関連する銘柄を狙う

公約発表後の思惑買いに乗る

選挙がある年は、選挙に関連した銘柄が上がりやすくなる。例えば、ムサシ（7521）は選挙システム機材のなどの製造・販売を行っている企業であり、選挙時に買われやすい選挙銘柄として有名だ。

また、与党の選挙の公約に関連する銘柄にも注目したい。新たな公約があれば、その関連銘柄の上昇につ

ながる可能性がある。

例えば、少子化対策について具体的な公約があれば教育や育児に関連する銘柄に期待してもよいだろう。公約が100%実現するとは限らないが、公約が出た瞬間に思惑買いで上がることも多い。選挙の実施は、デイトレで利益を得るうえでは持ってこいといえるテーマなのだ。

社会情勢が悪化すると商品指数が上昇する

構成する商品にまとめて投資ができる

　社会情勢が悪化するとさまざまな影響が生じる。特に資源国や穀物大国で戦争などが勃発すると、周辺国を始め、それらの国からの輸入に頼っている国は大きな打撃を受ける。また、資源の高騰や食料品価格の上昇で、間接的に世界中が打撃を被ることになりかねない。

　そこで資産の防衛措置として視野に入れたいのが、商品指数だ。例え

ば、日経・JPX商品指数は、金、プラチナ、原油、大豆、トウモロコシなどの価格をもとに、商品指数を構成している。日経・JPX商品指数に投資すれば、構成する商品にまとめて投資できるしくみとなっている。世界的な資源高、食料品価格上昇のほか、社会情勢悪化に伴う金価格上昇などの恩恵も受けられるので、注目しておくとよいだろう。

日経・JPX商品指数の推移

指数値の推移

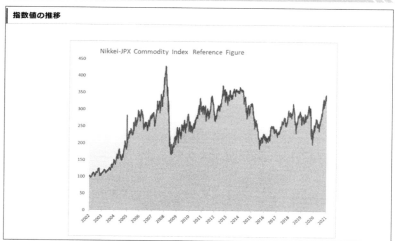

日本取引所グループのサイト（https://www.jpx.co.jp/markets/derivatives-indices/nikkei-jpx-commodity-index/index.html）では、日経・JPX商品指数の概要や指数の推移が確認できる。

基本 lecture 130 月次売上高に反応する銘柄のくせを見る

過去の月次売上高と株価を照らし合わせてチェックする

　小売り各社を中心に、毎月、月次の売上高の発表が行われている。過去の発表と株価を照らし合わせると、月次売上高の数字によって株価が反応するくせのある銘柄がある。また、普段は月次売上高に反応しない銘柄でも、2桁の増減があると、動きがあることが多い。とりわけ、成長を買われていた企業は伸び悩み

が意識されて売りが出ることもある。ユニクロなどを運営するファーストリテイリング（9983）のようにニュースになる有名企業は別として、みながチェックしている指標ではないので、各社のホームページや開示情報で確認し、寄付にギャップがなければ参加してみるのも手だ。月次の集合は会社の決算でもあるため、決算を先読みしての投資にも役に立つ。

基本 lecture 131 四季報は発売日前日に手に入れて翌朝を狙う

定期購読して情報をいち早くゲット

　年に4回、3月・6月・9月・12月の15日前後に発売される四季報。この四季報の情報をもとに株を買い入れる投資家たちは多く、発売日の寄付は狙い目となる。このとき、四季報を定期購読しておくと発売日の前日に自宅に届くのでおすすめだ。四季報を発売日前に手に入れると、翌日の寄付の時点で、最新刊

の四季報に掲載された情報を活用できる。チェックポイントは「業績」「大株主」の2つ。四季報に掲載される株主は総株式の5%を超えている大株主であるため、前回号に掲載されていなかった株主がいる場合は、その人の投資銘柄を追ってみると、注目すべき業界の視野が広がるだろう。また、2〜3期連続して売上高の上昇などがみられる企業は今後も伸びる可能性が高い。

基本 lecture 132　四季報の情報は SNS検索で時間短縮

JACK

SNSを有効活用し 四季報の情報を手に入れる

東洋経済新報社が発刊している四季報。数千ある上場銘柄が掲載されているが、すべてのページを熟読し、企業の業績を把握することは時間的にも難しい。

そこで、証券会社のサイトやTwitterなどのSNSで四季報に掲載されている情報をキャッチすることもひとつの手だ。SNSでは、投資家界隈で有名な人が四季報で見つけた情報を発信していることも多い。また、そこから発展してほかの人とのやりとりのなかで有望銘柄について話していることもある。自分では発見できなかった銘柄を知れたり、有名企業の情報を得られたりできるので、SNSは有効的に活用したい。

応用 technique 133　業績予想のくせで ポジションを調整する

企業の決算のくせは 値動きのくせ

業績予想の出し方は企業によって特徴があり、その特徴とその後の値動きのくせを知っておくとポジション調整の役に立つ。

例えば、毎回慎重な見通しを出した後に上方修正する企業がある。しかし、それでも弱い見通しが出た時点で売られることが多い場合、この特徴を知っておけば、中期の狙い目になる。

そのため、企業の決算のくせは知っておくとよいだろう。企業のホームページで過去の決算を見て、その後の株価の動きをチャートで確認すると、値動きのくせがわかりやすい。または日経新聞電子版のNQNの過去記事を検索してもよい。株価が大きく動いたときに記事になっていることがある。

NQN　▶ 日経QUICKニュースのこと。株式会社日経QUICKニュース社が配信している記事を指す。記事株式や為替相場、金融相場や各国の政府、上場企業などの動向を報道している

決算進捗の確認は
ツールを活用する

JACK

スクリーニングをして
業績確認の手間を省く

企業が発表する決算の上方修正は、基本的に好材料と判断され当該銘柄の株価も上昇しやすい。その際に参考になるのが業績の進捗状況で、仮に1Qや2Qで進捗率が60%達成しているような場合は、上方修正が発表される可能性が高いので、先回り買いが有効となる。

ただし、複数の企業の進捗状況を四半期決算ごとにチェックするのは手間がかかるので、ツールなどを活用するとよい。

IPOのスケジュールやIRセミナーの情報などをまとめたIPOJAPANというサイトはこうした情報収集に便利だ。このサイトの適時開示情報ページにおいて、「業績・配当予想修正」「1年以内にIPO」という2つの条件でスクリーニングをし、該当する銘柄のなかから相場にインパクトを与える銘柄を買うのもひとつの手だ。

IPOJAPANの検索ツールでスクリーニングする

IPO Japan

Google

📅 IPOスケジュール　📄 適時開示情報　💬 セミナー　📊 アナライザー　✉ メ...

トップ > 適時開示情報

適時開示情報

10日分の開示情報をご覧いただけます。会員登録いただくと、過去の開示情報をご覧いただけます。速報メールサービスとしてTdnetやEDINETに配信したニュースリリースを、すぐにメールで受け取ることができます。（10社／無料）

時刻	コード	企業名	開示タイトル
2023-04-20 00:00	5214	日本電気硝子(株)	変更報告書（特例対象株券等）
2023-04-20 00:00	4452	花王(株)	変更報告書（特例対象株券等）
2023-04-20 00:00	4182	三菱ガス化学(株)	変更報告書（特例対象株券等）

IPOJAPANの適時開示情報(https://ipojp.com/disclosure?qq=&c=02&ipo=1&from=&to=&submit=%E6%A4%9C%E7%B4%A2)。

1Q　▶　会計年度を4つに分けたうち、最初の3カ月間のこと。第1四半期。第2四半期は2Q、第3四半期は3Q、第4四半期は4Qと呼ばれる

基本 lecture 135
利益余剰金＞有利子負債の銘柄で売買する

yasuji

注目は利益剰余金が多く有利子負債の少ない銘柄

私がファンダメンタルズで注目している点のひとつに、「有利子負債と利益剰余金の差」がある。

利益剰余金とは、企業が生み出した利益のうち、企業の内部に蓄えられているものを指す。利益剰余金が多いほど財務が安定していると評価されるが、赤字決算のときはこの額が減少してしまうため、決算発表ごとに確認したい。決算書において

は、貸借対照表の「純資産の部」に記載されている。

有利子負債とは、利子をつけて返済しなければいけない負債のこと。具体的には、借入金や社債が該当し、この額が大きいほど利益を圧迫してしまう。細かな比率は気にせずとも、利益剰余金＞有利子負債となっている銘柄は利益をうまく伸ばしていると考えられる。また、下図のように四季報にもこの2点は掲載されているため要確認だ。

四季報の読み方

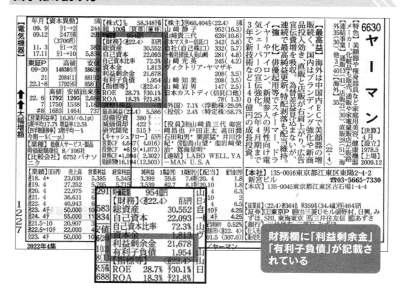

財務欄に「利益剰余金」「有利子負債」が記載されている

社債　　▶ 企業が資金調達のために発行する債券。社債を購入した投資家に利子を付けて返済する

評価される小型株の８割は
思惑で沈む

ウルフ村田

本当に急成長する小型株は２割ほどしかない

　成長力が評価された銘柄は、PERが100倍近くまで上昇することも珍しくはない。串カツ田中HD（3547）は、2017年にPERが200倍近くに上昇し、1000円台だった株価は半年足らずで7000円台にまで上昇した。ただし、小型株は思惑で株価が大きく上下しやすいため、PERや株価だけで判断するのは避けよう。こうした小型株の約８割の銘柄は思惑のみで沈み、株価が何倍にも上がるのは２割ほどしかない。トレードするならあくまで「いつ株価が下がってもおかしくない」と割り切りロスカットラインを事前に決める必要がある。また、「本当に成長し株価が上昇する銘柄」かの判断には、決算説明書やIRリリースの読み込みが必須。事業提携や新事業の発表などがあり、成長の見込みがあれば安い株価で買い、数カ月間保有するのも一手だ。

PERが急騰した小型株のパターン

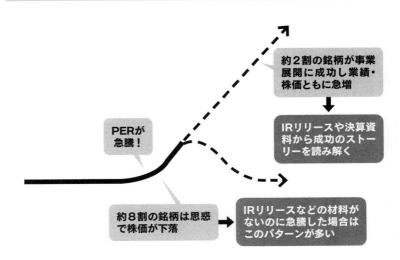

基本 lecture 137
PBR 1倍割れから 株価が伸びる会社を狙う

JACK

強い割安銘柄を買って 自社株買いの上昇に乗る

　PBRとは、株価÷1株あたり純資産（BPS）で算出される株価指標で、1倍以下であれば企業の資産に比べて株価が割安と判断される。東証のプライム市場、スタンダード市場にはPBRが1倍以下の企業が1800社あるが、2023年3月31日、その状態に東証が警鐘を鳴らした。PBRが1倍未満ということは、「事業を続けるよりも解散したほうが価値が高い」ことの表れでもあるため、PBRの数値を上げるよう改善の要請を出したのだ。

　改善要請を出された企業は自社株買いなどの取り組みを行うことになり、これが株価を押し上げる要因となっている。大日本印刷株式会社（7912）が自社株買いを発表した後、この取り組みが評価されて株価は大幅に上昇した。1800社の対象企業から、改善要請に応える力がある優良銘柄を狙おう。

割安株が急騰した例

[大日本印刷（7912）　日足　2022年12月～2023年4月]

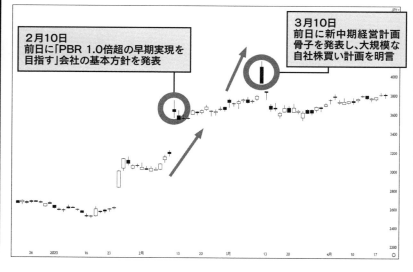

2月10日
前日に「PBR 1.0倍超の早期実現を目指す」会社の基本方針を発表

3月10日
前日に新中期経営計画骨子を発表し、大規模な自社株買い計画を明言

日経新聞の観測記事は値動きの材料になる

企業の動きがある日程を確認しよう

企業が出す業績予想の見通しのほか、日本経済新聞（日経新聞）の観測記事も株価材料になることがある。観測記事が出る企業は限られており、毎年、同じ企業であれば同じ時期に記事が出る傾向があるので、チェックしたい。決算発表の日程を押さえておくなら日経電子版の決算発表スケジュールが便利だ。また、企業が業績予想の修正を出すのも毎年同じ時期になることがある。例えば、エアトリ（6191）は2021年3月15日に業績予想の修正を発表しているが、2022年にも3月15日に上方修正を出している。業績予想だけでなく、機関投資家向けの説明会なども同じタイミングで開かれることがある。そのときの地合いやトレンドによって値動きがどうなるかはわからないが、企業の動きがある日付から逆算した売買をするなど、売買の計画を立てよう。

日経電子版の決算発表スケジュール

企業業績・財務

- 記者の目
- 日経会社情報
- 黨議ニュース
- 適時開示速報
- 大量保有報告書検索
- 経営トーク
- NEXT Company
- 企業統治
- 主要企業ニュース
- 株主総会ニュース
- 財務短信
- 社債格付けニュース
- M&Aニュース
- IPO

決算発表スケジュール

会社名・証券コードで選ぶ
[　　　　] [検索]

日付で検索 [2023年05▼] 月 [09▼] 日 [検索]
決算期で検索 [選択なし▼] [検索]
業種で検索 [選択なし▼] [検索]

「2023年05月09日」での検索結果：149件

1～50件目を表示（全149件）　　　　　　　　　　前へ　1 | 2 | 3　次へ

決算発表日	証券コード	会社名	関連情報	決算期	決算種別	業種	上場市場
2023/5/9	1382	ホープ	適時開示	6月期	第3	水産	東証
2023/5/9	1738	ＮＩＴＴＯＨ	適時開示	3月期	本	建設	名証
2023/5/9	1814	大末建設	適時開示	3月期	本	建設	東証
2023/5/9	1898	世紀東急工業	適時開示	3月期	本	建設	東証
2023/5/9	2122	インタースペース	適時開示	9月期	第2	サービス	東証

日経電子版の決算発表スケジュール（https://www.nikkei.com/markets/kigyo/money-schedule/kessan/）では、企業名や銘柄コードなどで検索できる。

わからないことはIRに確認して 思い込みと不明点を解消する

企業のサイトなどをあたり 情報の真偽を確認

　思い込みは思わぬミスを生む。例えば、決算は場が引けた後に出ることが多く「引け後に決まっている」と思い込みやすいが、場中に出る場合もある。そのため、決算など値動きに大きく影響する情報は毎回しっかり確認することが大切だ。

　また、保有銘柄や買いたいと思っている銘柄については、不明な点、わからないことがないようにしてお

くことが大事。

　ネット上では噂レベルの話が真実のように飛び交うこともあり、新聞報道ですら間違っていることもある。そのような情報に惑わされないように、知りたいことや、真偽不明の情報については企業のウェブサイトを確認する。IRに電話して確認するのも確実な方法だ。

情報の真偽を確かめる

マルハニチロ（1333）のお問い合わせフォーム（https://www.maruha-nichiro.co.jp/corporate/contact/）。

投資判断に 日経IRフェアを活用する

雑談程度でも思わぬ情報を 得られる可能性がある

ファンダメンタルズなどの基本的な判断材料を精査したうえでの話だが、IRフェアも投資判断における材料のひとつとして活用できる。

IRフェアでは企業の担当者と直接話しができるため、株主総会やIRへの問い合わせなどよりも手軽に質問できる。また、雑談から思わぬ情報を得られる可能性もある。

第18回を迎える2023年は、9月1日、2日の2日間にわたってリアルイベントとオンラインのハイブリッド開催が予定されている。会場は東京ビッグサイト。オンラインでは9月18日までアーカイブ公開される予定だ。事業拡大に積極的な企業をターゲットに参加してみるとよいだろう。

日経IRフェアで情報収集

日経IR・個人投資家フェア2023のホームページ（https://adnet.nikkei.co.jp/a/ir/）では、出展企業の情報などを閲覧できる。

成長分野に投資する銘柄の増資発表は上昇要因

ファイナンス資金の用途は必ず確認しよう

新株発行などにより増資が発表されたら資金用途をチェックしよう。

ファイナンス資金の用途が成長分野への設備投資を目的とする銘柄は、それほどネガティブなイメージは強まらない。成長分野への設備投資用途であれば、事前に説明会などでファイナンスの可能性なども開示されやすい。

ただし、ファイナンス資金の用途が借入金の返済などの場合は注意が必要だ。株価が上昇したすきに返済するといった、企業の魂胆が伺える場合は、投資家からの信用度が低下し、株価下落の要因にもなる。一般的に、売出価格の決定後や公募株の還流後などの場面ではファイナンス発表による反発力が高まりやすいが、ファイナンス資金の用途が借入金の返済などの場合は、反発のタイミングは遅れやすくなる。

増資発表されたら内容をチェックする

資金調達 - 資金使途／資金ニーズ -

IRライブラリで公表されている

次なる収益柱確立に向け、既存事業とWeb3.0等の新規事業への資金需要に対応

セグメント	資金ニーズ	金額	目的	市場データ
メディア事業	ブロックチェーンゲーム（BCG）の開発費・人材採用費 GameFi Economy構築のための開発費・人材採用費	200百万円	国内No.1 カジュアルゲーム GameFi Economy構築	2025年グローバルBCG市場規模 3兆円 ※1
プラットフォーム事業	OWN.の機能開発費、人材採用費認知向上のためのプロモーション費	100百万円	国内No.1 ヘルスケアアプリの確立	2021年国内ダイエット関連市場規模 8,400億円 ※2
	B4NDの機能開発費、人材採用費アーティストへの営業活動費	100百万円	国内No.1 推し活アプリの確立	2022年国内オタク市場規模 7,163億円 ※3
その他	M&A待機資金	3,400百万円	事業ドメインの拡張 事業創造力の強化	
	メタバース・暗号資産／NFT等Web3.0領域への投資及び開発費（主な領域も：OVERSE・AMIZA）	300百万円	Web3.0領域への挑戦	2030年国内メタバース 市場規模 24兆円 ※4

出所：東京通信グループ「2023.04.06　本資金調達に関して」

株式会社東京通信グループホームページ(https://contents.xj-storage.jp/xcontents/AS04741/ebe0bcf9/b9c1/49de/8b3a/b1d018df93d5/140120230406543591.pdf)。

新株発行　　　▶ 増資の目的で株式会社が新たに株式を発行すること

応用 technique 142 無名な指標でも相場に影響を 与えることがある

工作機械受注の推移から 今後の値動きを予測する

国内の経済指標はあまり株価材料にならないことが多いが、最近連動が見られるのが工作機械受注の統計だ。機械受注統計のほうが有名だが、実はOECD景気先行指数との連動性があるため、世界の景気循環を映す指数ともいえる。

工作機械とは自動車、スマートフォン、家電製品などに使われるものであり、主に金属製の精密部品の加工を行う際に用いられる。その受注状況を、日本工作機械工業会がまとめて発表している。

長期投資家が経済の先行指標として参考にするだけでなく、デイトレーダーも発表翌日の工作機械銘柄の動きを予測するうえで活用できる。なかでも受注の伸びが大きかった銘柄には注目が集まる。あまり知られていない指標でも相場に影響する場合もある。工業会のホームページで確認して利用したい。

工作機械統計を確認する

業種ごとの受注状況が発表されたので確認すると、工作機械設計の受注が増してきている

2023年3月分受注確報 （次回の掲示は2023年5月31日（水）の予定です）

A．内需業種別受注額

（単位：百万円、%）

需要業種	期間	3月	前月比	前年同月比	23年累計	前年比
1．鉄鋼・非鉄金属		1,297	109.6	77.0	4,917	97.5
2．金属製品		5,456	165.8	116.2	11,366	93.5
機械製造業	3．一般機械	21,762	129.8	87.2	56,612	90.7
	（うち建設機械）	1,087	120.2	75.8	3,068	88.4
	（うち金型）	3,505	140.5	107.8	8,454	91.2
	4．自動車	8,800	111.3	70.6	24,610	80.9
	（うち自動車部品）	6,463	121.9	83.3	17,923	86.8
	5．電気機械	3,637	101.1	62.1	12,552	68.4
	6．精密機械	2,239	130.1	55.1	6,507	72.0
	5-6．電気・精密計	5,876	110.5	59.3	19,059	69.6
	7．航空機・造船・輸送用機械	1,832	130.4	72.1	5,035	101.9
	（うち航空機）	804	125.6	377.5	2,218	182.4
3-7．小計		38,270	121.9	76.7	105,316	84.1

出所：日本工作機械工業会「2023年3月分受注確報」

日本工作機械工業会ホームページ（https://www.jmtba.or.jp/machine/data）。

OECD景気先行指数 ▶ OECDが、OECD加盟国の経済指数をもとに作成する経済指標。経済の先行きを予測する際に使用される

応用
technique
143

FOMCで利上げ意向が
表明されると下落する

■ 利上げ開始後は逆に
株価が上昇する

　2022年、FRBは一貫して利上げを発表し続け、2023年３月にも引き続き利上げが表明された。原則、投資の世界では、利上げが発表されると景気悪化が不安視され、株価が下落すると考えられている。

　実際、2022年に利上げが表明された日は日経平均株価が下落した。しかし、実際に利上げが開始された際は、あらかじめ利上げ情報が出さ

れていたこともあり、一転して株価は上昇した場面が見られた。

　この現象は過去にも起きたことがある。2018年に利上げの表明が行われた際に株価が下がり、実際に開始されたときには株価が上昇したのだ。今後も同じ状況になれば、株価はマイナスどころかプラスになると推測できる。あらかじめ利上げが表明された際にはチャンスと捉えたい。

■ 利上げによる株価変動

[日経平均株価　日足　2022年２月〜４月]

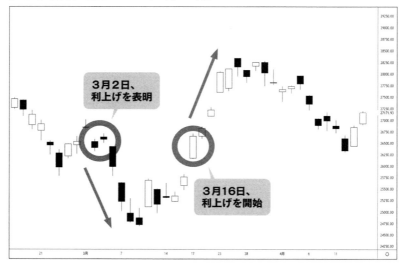

3月2日、利上げを表明

3月16日、利上げを開始

FOMC　▶ 連邦公開相場委員会のこと（Federal Open Market Committee）。FRBが開催する会合で、アメリカの金融政策を決定している

金融引き締め時の変化を捉える

今までの投資環境と180度変わったと考える

　株価上下は、短期は主に需給、中期はファンダメンタルズによると考えられているが、デイトレでも大きな局面の変化は捉えておきたい。

　金融緩和が長く続き、未曾有の金余り状態に世界が慣れた状態が続いていたが、アメリカではすでに引き締め方向に政策が転換された。流通しているお金はまだ多いが、これ

からも金利が引き上げられるなど、徐々に流通するお金が少なくなっていくため、投資環境は180度変わったと考えるほうがよい。

　その最初の段階では、値動きは不安定になり、物色は定まりにくい。デイトレでも資金管理にはこれまで以上に気を配り、ボラティリティは高いと考えて臨みたい。

日経平均プロフィルを活用して相場理解をする

藤本誠之

相場への理解を深めるのに役立つ

　株価が上がりやすい日、下がりやすい日を調べるには、日本経済新聞がウェブで公開している「日経平均プロフィル※」の騰落率カレンダーをチェックするのが便利。

　日経平均株価が前日比プラスを勝ち、マイナスを負けとした星取表が掲載されている。

　毎週末に、これをチェックした

後、現在の株価をチャート分析して、ざっくり1カ月間の相場展開を想定したうえで、実際の個別銘柄の選択に活かすと、株式相場をより理解できるようになる。

※https://indexes.nikkei.co.jp/nkave

FRB　▶米連邦準備理事会（Federal Reserve Board）のこと。アメリカの中央銀行に位置付けされる

応用 technique 146

日経平均株価のPERが 11〜12倍なら大チャンス

数年に一度訪れる危機は 絶好の買い場

　過去の日経平均株価のPER※を振り返えると、おおよそ13〜15倍で推移することが多い。2020年3月のコロナショックが起こった際、PERが10．6倍となり、株価が底を付けた。2022年2月のロシアの軍事侵攻後の日経平均株価下落では、PERが11．94倍で底を付けた。これは、リーマンショックなどと同等かそれ以上の危機時にしか見られ

ない傾向といえる。

　今後も、日経平均株価のPERが11〜12倍まで下がったら買いのチャンスと考えてよいだろう。そうした状況で買うことができれば、後々のリターンは大きく膨らむ可能性がある。

　数年に一度の機会ではあるが、そうしたチャンスが発生した場合は狙っていこう。

※日経平均のPERの求め方は「225の時価総額合計÷225の予想利益合計」

日経平均株価とPERの推移

[日経平均株価／PER　2022年1月〜4月]

PER11〜12倍で推移しているときは買いのチャンス

TOPIX型の株価に合わせた日銀の動きを見る

基本 lecture 147

TOPIX型銘柄が30%
下落すると日銀が介入する

　株価が大きく下落すれば、歯止めをかけるために日本銀行（日銀）がETFに買いを入れる。しかし、すべてのETFを日銀が買うわけではない。2021年3月までは、指数の構成銘柄が最も多いTOPIX型が75%、TOPIX、日経平均株価、JPX日経400の3指数が25%で構成されていたが、2021年3月から、より効果的で持続的な金融緩和をしてい

くため、日銀によるETF買いは、TOPIX型100%の構成に変更となっている。TOPIX型の株価が一度に大きく下落すると、TOPIX型に介入することが予測される。実際に2020年3月のコロナ禍では高値に対し、30%以上の下落があった際に、日銀が介入した。この方針は今後も続くため、30%を売買判断の目安として持ちながら、TOPIX型の株価推移と日銀介入の動きを、把握したい。

非常時には日銀が介入する

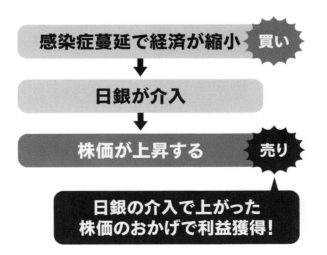

基本 lecture 148 店頭証券の口座を 1社は開いておく

JACK

証券マンの持つ「情報」で 売買の選択肢を増やす

　店頭証券で口座を開設すると証券マンによる営業がワンセットになるため、そうした点を面倒だと感じる投資家は少なくないだろう。そうした営業マンの推奨銘柄自体にあまり意味はないが、証券会社の持っている「情報」については価値がある。

　例えば、新しく発売される投資信託の種類がいち早くわかれば、組み込みの可能性のある銘柄をチェックするといった活用法が考えられる。こうした情報を得るには、営業マン経由の推奨銘柄や投資信託などを買って信頼関係をつくる必要がある。この場合に発生する株価の下落リスクについては、ネット証券で同一の銘柄を空売りして両建てしておけば、手数料のみのコストで相殺することができる。

応用 technique 149 セミナー中でも リアルタイムで売買する

投資情報は扱う人が多いほど 相場に大きく影響する

　注目を集める投資家のオンラインセミナーに参加するなら、参加者が1000人以上の規模がよい。規模の小さい50 〜 100人ほどの少人数で行われるセミナーでは、セミナーで得た情報が相場動向につながる可能性は低いが、1000人以上の参加者がいると相場に与える影響が大きくなる。登壇した投資家が注目企業を挙げたら、オンラインセミナー中でもその場で買い、買値を超えたらすぐに売るという手法をとる。その場で売買をすることで、利益を得る確率が上がる。

　ただし、セミナーで得た情報を鵜呑みにすることは控えたい。該当銘柄のチャートを少なくとも過去3年ほどさかのぼり、値動きのクセを見て成長を期待できる場合のみ買うようにしよう。

両建て　　▶　信用取引において、売りと買いの両方のポジションを持つこと。株価変動リスクを回避しやすくなる

ラジオで銘柄情報を手に入れて
アーカイブ動画もチェック

JACK

リアルタイムで
質問できる

株の情報は新聞や書籍、ブログ、Twitterなどさまざまな収集方法があるが、ラジオもあなどれない。

ラジオNIKKEIではいくつかの株専門のラジオ番組がある。番組では、出演者が注目している、または、これから上昇すると予想する銘柄について解説したり、リアルタイムでは視聴者のコメントに答えたりすることもある。番組はYouTubeにもアップされているため、アーカイブですき間時間にチェックすることも可能だ。

番組内では注目銘柄などを紹介することもあるので、投資先の参考にしたり、ほかの投資家が注目している銘柄としてメモしておき、自分でも調べると、新たな発見があるかもしれない。

ラジオNIKKEIの番組一覧

 ラジオNIKKEIリスナー感謝祭

 5時から"誠"論

 ザ・マネー

 経営トップに聞く！強みと人材戦略

 ザ・マネー～西山孝四郎のマーケットスクエア

 カブりつき・マーケット情報局

 しゃべくりカブカブ！

 ESG A to Z

ラジオNIKKEIのホームページ（https://www.radionikkei.jp/program/）では、番組一覧で株専門のラジオ番組を確認できる。

基本 lecture 151
短波放送が受信可能なラジオで超先回り買い

大元のアンテナ受診で数秒の先回り買いをする

個人投資家がラジオNIKKEIで情報収集する際には、スマホでのradikoのアプリや、PCのストリーミングで聴く方が大多数。

だが、これらはもともと短波放送によって発信されている情報を、それぞれのアプリケーションで受信して放送しているものである。

大本のアンテナ受信の短波放送と比較すると、ストリーミングのほうが数秒遅れて受信するため、短波放送が受信できるラジオを用意すれば、数秒の先回り買いが可能となる。

2023年7月時点ではアマゾンで3000円ほどで購入できる。

基本 lecture 152
注目度を見たいときは掲示板の投稿数を確認

100%正しくはないが注目度を測る指標にはなる

銘柄の注目度を確認する方法はTwitterや掲示板などいろいろとあるが、「ヤフーファイナンスの掲示板投稿数※」を見るのもひとつの手だ。

ここではヤフーファイナンスが提供する掲示板への投稿が日ごとに多い銘柄をランキング形式で掲載しており、一目で注目度の高い銘柄を確認できる。

リンクがついているのでそのまま掲示板に飛ぶこともできるが、そこに書かれている内容が100%正しいわけではないので、あくまで注目度を測る指標として見たほうがよいだろう。

※https://info.finance.yahoo.co.jp/ranking/?kd=56&mk=1

銘柄LIVEでつぶやきと値動きを一括表示

基本
lecture
153

■ 注目されている銘柄がひと目でわかる

Twitterに関連した情報の検索方法。

チャートなびが運営している「銘柄LIVE」というウェブサービスでは、下図のようにリアルタイムにつぶやかれている銘柄が、チャートとそのつぶやきが一覧で表示される。

また、つぶやかれた回数も銘柄の横のカウンターで確認できるため、Twitter上でつぶやかれている銘柄

の注目度と値動きを同時にチェックすることができるのだ。

短期では勢いのある銘柄に乗るのもひとつの方法。

こうしたサービスを利用してみるのもよいだろう。

銘柄と注目度を同時にチェックする

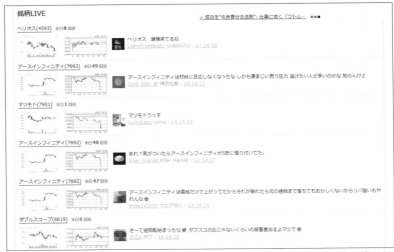

銘柄LIVE(https://meigaralive.com/)では、ほぼリアルタイムで投資家たちのつぶやきが更新されている。

優待が人気の銘柄は
ブログやSNSをチェック

JACK

権利確定日前に
新たに保有する

株式投資において株主優待は、キャピタルゲインのなかでも「オマケ」的な位置付けであることが多い。

ただ、短期やスイングトレードにおいては、優待権利が確定する前後の価格変動を利用して、利益につなげる材料とすることもできる。

株主優待を取得するためには、企業ごとに定められた権利確定日まで

に、株式を保有する必要がある。

特に株主優待が人気の企業などは、権利確定日付近で買いが集中し株価が上昇することが多い。こうした価格の傾向を利用して、短期トレードに活用する方法もある。株式優待で人気の銘柄は、ブログやSNSで頻繁に紹介されているのでチェックしておこう。

権利確定日一覧

	権利付き最終日	権利確定日
2023年8月	8月29日	8月31日
2023年9月	9月28日	9月29日
2023年10月	10月27日	10月31日
2023年11月	11月28日	11月30日
2023年12月	12月27日	12月29日
2024年1月	1月29日	1月31日
2024年2月	2月27日	2月29日
2024年3月	3月27日	3月29日
2024年4月	4月25日	4月30日
2024年5月	5月29日	5月31日

日本証券新聞は
株主優待で無料になる

JACK

保有しておくだけで
年間6万円近くお得になる

　日本で最も長い歴史を持つ証券専門紙の「NSJ日本証券新聞」。購読には1カ月4988円（税込み）、1年間で換算すると5万9856円（税込み）かかる。

　ただし、その発刊会社であるジャパンインベストメントアドバイザー（JIA）（7172）の株を保有していると、株主優待としてデジタル版の購読券がもらえて、一定期間無料で閲覧が可能になる。継続保有期間や保有株数に応じて購読期間などが異なるが、情報収集のために株を保有しておいても損にはならない。

　普通に新聞を購読するよりは、こうしたテクニックを利用して情報を得ていくとよいだろう。

JIAの優待内容

株数	継続保有期間	優待内容
200株未満（年1回）100株以上	1年未満	・日本証券新聞デジタル版3カ月（9000円相当）
	1年以上	・日本証券新聞デジタル版3カ月（9000円相当） ・クオカード500円
	2年以上	・日本証券新聞デジタル版6カ月（1万8000円相当） ・クオカード1000円
	3年以上	・日本証券新聞デジタル版12カ月（3万6000円相当） ・クオカード3000円

※株数の区分は上記のほかに「200株以上」「2000株以上」があり、それぞれ優待内容が異なる
※2023年5月時点

出所：ジャパンインベストメントアドバイザーのホームページより編集部作成

1日3銘柄調べることを
ルーティン化する

適時開示やTwitterを見て 値動きの理由を調べる

株価や企業を取り巻く環境は常に変わっている。魅力ある銘柄を見つけるためには、日々情報を集めることが大切だ。例えば、Twitterで話題になった銘柄があるとする。話題となった理由を調べるだけでなく、その銘柄を詳しく調べると思わぬ情報を掴める可能性がある。すぐに魅力的な銘柄が見つかるわけではないが、仮に1日3銘柄調べることを日

課にすれば、半年で500銘柄、1年で1000銘柄以上の情報を得られ、そのなかから光る銘柄を見つけられる確率が上がるだろう。

話題になりそうな銘柄を先回りして見つけるためには、日本取引所グループの「適時開示情報閲覧サービス」を活用するとよい。国内金融商品取引所などに上場している銘柄が開示した情報のなかで、投資において重要な情報がリアルタイムで更新され、一覧で見られる。

日本取引所グループの適時開示情報を活用

時刻	コード	会社名	表題
15:40	18900	東洋建	株主提案の役員候補者による役員指名・報酬委員会との面談の拒絶について
15:40	34220	J－MAX	2023年3月期 決算短信（日本基準）（連結）
15:40	34220	J－MAX	2023年3月期 決算補足資料
15:40	34220	J－MAX	中長期経営計画策定に関するお知らせ
15:40	34220	J－MAX	自己株式の取得及び自己株式立会外買付取引（ToSTNeT－3）による自己株式の買付けに関するお知らせ
15:40	47320	USS	2023年3月期 決算短信（日本基準）（連結）
15:30	18600	戸田建	「特別損失の計上」及び「業績予想の修正」に関するお知らせ
15:30	29370	G－サンクゼール	2023年3月期 決算短信（日本基準）（連結）
15:30	29370	G－サンクゼール	2023年3月期 決算説明資料

日本取引所グループの適時開示情報閲覧サービス（https://www.release.tdnet.info/inbs/I_main_00.html）。

基本 lecture 157 「株式新聞Web」はDMM株口座で無料になる

JACK

DMM株口座を開設すれば お得に株式新聞を読める

株式を始め、投資信託や為替などの証券・金融情報を提供している証券専門誌の「株式新聞」。インターネットが普及し、情報収集はウェブ記事やSNSが主流になっているなか、ベテランの投資家で株式新聞をチェックしている方も意外に多い。

「株式新聞Web」を購読するには1カ月4400円（税込み）、1年間で換算すると5万2800円がかかる。だが、ネット証券のDMM株で口座を開設すると、株式新聞のウェブを無料で閲覧することができる。

取引を行う必要はなく、口座開設のみでよいのがポイント。より広く情報収集をしたい人にはぜひ活用してほしい。

基本 lecture 158 自分なりの 得意な情報収集手段を持つ

情報収集手段の多さは 大きな武器になる

デイトレであっても、業界やセクターに関する情報は多いほうが有利。情報が多いほど値動きを考えやすくなり、売買戦略も立てやすくなる。その際に重要なのが、買いたい銘柄や気になる銘柄の業界動向を調べること。

例えば、身の回りに関連業界に勤めている友人や知人がいるかもしれない。業界のことは業界の人に聞くのが最も信頼性が高い。

また、兼業投資家ならば、日々の仕事を通じて情報収集に役立つ。IT、飲食、輸出など、自分が働いている業界を見渡すことで、業界の景気動向やトレンドなどが掴めることも多い。人脈や日々の仕事で得られる実感などは投資と結び付けることで大きな武器になるだろう。

ネットの書き込みは
真意をはかる

■インターネットの情報は
鵜呑みにしない

インターネットやSNSで情報収集をする際にはすべての情報を鵜呑みにするのではなく、「買い煽りや売り煽りではないか」という着眼点を持って閲覧するとよい。

例えば、ヤフーファイナンスの掲示板では、匿名でコメントを書き込むことができる。不特定多数の書き込みのなかには、自分の利益を大きくするために買いを煽ったり、安く買うために売りを煽ったりするコメントもまぎれていることがあるため、コメントの真意を見極めてから売買の参考にしたい。

また、Twitterではさまざまな人の意見が見られるだけではなく、投資家界隈での有名人のつぶやきひとつで株価が大きく動くこともある。他人の意見を参考にしつつ、「本当に参考にできる意見であるか」「このタイミングで売買して大丈夫か」と自分で考えることが大事だ。

コメントの真意を見極める

総合アクセスランキング

1	日本郵船(株) 海運業
2	三菱商事(株) 卸売業
3	川崎汽船(株) 海運業
4	任天堂(株) その他製品
5	Ａｂａｌａｎｃｅ(株) 電気機器

ヤフーファイナンスの掲示板トップ画面(https://finance.yahoo.co.jp/cm)では、総合アクセスランキングが見られる。そのほか、業種や銘柄コードなどでスレッドを検索できる。

スピード感のある情報は
ソースの確認を重視

基本
lecture
160

デイトレはスピードが大事
情報も新鮮さが大事

投資関連の情報は複数の媒体で入手できる。

デイトレではツイッターなどリアルタイムで動く媒体が役立つだろう。

一方、雑誌（特に月刊誌）などは情報が記事化されるまでのタイムラグがあるため、デイトレでは役に立たないことが多い。

銘柄選択するアナリストも、推奨する銘柄が発刊日までの間にどう動くか読めないため、無難な銘柄を推奨する傾向がある。

これらから、デイトレでは鮮度が高いネット上の情報が重要といえるが、自分自身でも情報の信頼性を確認し、確実なソースをあたるといった習慣は付けておきたい。

早耳アカウントにも注目

株式情報市場(@yuria2122)のように、ニュースを迅速なスピードでつぶやく早耳アカウントもある。

株探の「1週間の振り返り」を情報収集に利用する

ウルフ村田

毎週土曜日の朝に振り返りの記事が投稿される

日々、各々の銘柄の材料や決算情報が発表され、そうした情報を毎日追うのは骨が折れてしまう。

そこで活用したいのが、「株探」の市場ニュース。このサイトでは毎週土曜日の朝8時30分〜9時30分ごろにかけて、1週間ごとのニュースを項目ごとに発表している。例えば「週間ランキング【値上がり率】」では、直近月曜日〜金曜日にかけて最も大きく株価が上がった銘柄がランキングとしてまとめられている。また、「レーティング週報」では各調査機関が銘柄に付けたレーティング情報がまとめられている。なかでも「レーティング週報【最上位を継続＋目標株価を増額】」に掲載される銘柄は、株価上昇に期待できると調査機関が認めた銘柄のため次週以降投資家から注目を集める事が予想され要注目だ。

株探で1週間ごとに市況情報を把握する

トップ ＞ 市場ニュース ＞ レーティング週報【格上げ↑】 (6月19日−23日)

市場ニュース　　　　　⇦戻る　🐦 f LINE

2023年06月24日08時40分

【特集】レーティング週報【格上げ↑】　(6月19日−23日)

●6月19日−23日に調査機関が投資判断を引き上げた銘柄をまとめました

銘柄	機関	格付	目標株価	日付
資生堂〈4911〉	日興	中立→強気	7100→9000	6/20
ノリタケ〈5331〉	東海東京	中立→強気	4810→6300	6/19
三菱マ〈5711〉	UBS	売り→中立	1690→2640	6/20
FUJI〈6134〉	大和	3→2	2200→3200	6/19
豊田織〈6201〉	UBS	中立→買い	7500→13400	6/21
CKD〈6407〉	大和	3→2	2000→2800	6/19
シスメックス〈6869〉	みずほ	中立→買い	7900→12700	6/21
クレセゾン〈8253〉	東海東京	中立→強気	2500	6/23
イー・ギャラ〈8771〉	東海東京	中立→強気	2400→2800	6/20
カチタス〈8919〉	JPモル	中立→強気	3000→2900	6/23
商船三井〈9104〉	水戸	B＋→A	4100→4300	6/23
ミスミG〈9962〉	モルガン	中立→強気	3000→3900	6/19

※JPモル＝JPモルガン証券

株探の「レーティング週報」のページ。株探の市場ニュース（https://kabutan.jp/news/marketnews/）では、毎週土曜日の朝8時30分〜9時30分ごろにかけて1週間の振り返り記事が更新される。

レーティング　▶　各調査機関が、一定期間内に株価の変動が見込まれた銘柄に対して「買い」「中立」「売り」などの投資判断を行うこと

投資の情報を収集できるのは「権利」と考える

基本 lecture 162

ウルフ村田

心理的な負担を減らして情報収集を習慣化する

投資を行ううえで、市況や材料の情報収集は欠かせない。そうした情報収集を「義務」と考えると「時間をかけてすべての情報を読み込まなければいけない」と感じるなど、情報収集が負担になり、継続できなくなってしまう。反対に、情報収集に気合を入れてニュースサイトや投資情報サイトを十数個も見ていれば疲れてしまう。そうした考えを払拭するために、投資の情報を収集することは「投資家の権利」だと考えればよい。権利なのだから、情報を見てもいいし、見なくてもいい。義務だと考えるよりも負担がなく、「1秒だけでも確認しておこう」と気軽に着手できる。下図に、情報収集に便利なサイトを6つ挙げたが、これらもじっくり見る必要はなく、毎日サイトを開く習慣を付ける程度から始め、毎日、毎週末のルーティン化にすれば意外と楽に継続できる。

情報収集に活用できるサイト

株ライン（話題株ランキング）
https://kabuline.com/
➡注目のテーマ株がわかる

会社四季報
https://shikiho.toyokeizai.net/?old_ref=
➡「前月比値上がり率ランキング」で値上り銘柄の特徴を把握

世界の株価
https://sekai-kabuka.com/
➡世界の市況が一気に比較できる

世界の株価と日経平均先物

騰落レシオ
https://nikkei225jp.com/data/touraku.php
➡日経平均株価の過熱感がわかる

信用評価損益率
https://nikkei225jp.com/data/sinyou.php
➡信用買い残がチャートで閲覧できる

投資主体別売買動向
https://nikkei225jp.com/data/shutai.php
➡市場に参加している投資家の種類がわかる

ADRで日経平均株価の地合いを予測する

ようこりん

米国市場での需給から日本市場の地合いを把握する

日経平均株価の地合いを確認する際「ADR」の推移が参考になる。ADR（米国預託証書）とは、米国以外の国の証券を米国市場で売買できるようにしたもの。例えば、イギリスの銘柄を日本で購入することは難しいが、米国市場にイギリスのADRが上場されていれば、ADRを株式のように売買できる。日本株のADRも発行され、米国で取引されている。下図は、日本のADR銘柄の価格推移をまとめたサイトだ。ADR株価は東証での株価がベースになっているが、米国での需給のバランスによって、東証での価格とずれが生じている。ADR株価が東証の株価より高ければその分期待されていると考えられるため、東証でも株価上昇に期待できる。ADRと東証の株価の比較は、下図の「ADR-東証」欄で把握できる。

ADR株価と東証株価の比較

業種	Code	企業名(詳細ページへ)	ADR-東証	ADR	ADR¥	ADR %	ADR v	PTS	PTS	東証	東証	東証 %
8	4502	武田薬品工業	+0.95%	06/29	4,548	0.00%	961,566	10:54	4,504	10:58	4,505	▼1.12%
16	6758	ソニーG	+0.85%	06/29	13,030	▼1.46%	654,302	10:54	12,920	10:58	12,920	▼1.00%
17	7203	トヨタ自動車	+1.22%	06/29	2,323	▲0.18%	346,094	10:55	2,299	10:58	2,295	▼0.02%
17	7267	ホンダ	+1.66%	06/29	4,399	▼0.59%	1,264,934	10:55	4,328	10:59	4,327	▼1.23%
28	8306	三菱UFJFG	+1.03%	06/29	1,075	▲4.07%	2,707,931	10:55	1,064	10:58	1,064	▼0.19%
28	8316	三井住友FG	+1.82%	06/29	6,250	▲2.37%	1,613,750	10:55	6,138	10:58	6,138	▼0.21%
28	8411	みずほFG	+0.68%	06/29	2,209	▲0.33%	630,998	10:55	2,196	10:58	2,194	▼0.16%
31	8591	オリックス	+1.11%	06/29	2,640	▼0.90%	25,090	10:55	2,613	10:58	2,611	▼0.40%
29	8604	野村HD	+0.91%	06/29	552	▼1.55%	784,453	10:54	548	10:59	547	▲0.15%
4	2503	キリンHD	+0.81%	06/29	2,107	▼2.61%	33,241	10:55	2,092	10:58	2,090	▼1.16%
25	4689	Zホールディングス	+0.29%	06/29	345			10:55				▼1.71%
33	4755	楽天	+1.62%	06/29	501							▼1.60%
7	4901	富士フイルムHD	+1.02%	06/29	8,605							▼1.16%
15	6301	コマツ	+0.88%	06/29	3,900							▼0.41%
15	6326	クボタ	+1.29%	06/29	2,123							▼1.25%
16	6502	東芝	-0.49%	06/29	4,496	▼1.02%	11,566	10:54	4,513	10:58	4,518	▼0.26%
16	6752	パナソニック	-0.34%	06/29	1,735	0.00%	192,178	10:54	1,740	10:58	1,741	▲0.32%

▶ ADR主要銘柄一覧

「ADR-東証」欄がプラスであれば、「ADR株価が東証の株価より高い」状態を示し、東証での株価上昇に期待できる

「世界の株価と日経平均先物」のADR銘柄情報をまとめたページ（https://adr-stock.com/）。地合いの確認に役立つ。

制度

各証券会社の制度を活用すれば
トレードの幅を広げることができる。
IPO投資の当選確率の上げ方や
取引の多いデイトレで売買や信用取引の
手数料を抑える方法など、
制度を利用して得するやり方を教える。

大手系列の証券会社を使って
IPOの当選確率を高める

JACK

条件を満たす場合
再抽選に参加できる

IPOのブックビルディング参加の抽選確率を高めるテクニックとして、大手証券の系列会社から申し込むという方法がある。

例えば、ネット証券会社である大和コネクト証券では、IPOの販売数量の70%を完全抽選し、この抽選で外れた顧客を対象に、残りの30%を「5つの優遇条件」で絞り込み、再抽選している。

再抽選で当選するには、5つの優遇条件をすべて満たす必要はないが、各条件とも比較的ハードルが低いので、仮に抽選を申し込む場合はできるだけ満たしておいたほうがよい。また、抽選に外れた場合も抽選券をもらうことができ、優遇条件の該当数に応じて付与数が大きくなる。

大和コネクト証券の5つの優遇条件

❶39歳まで

❷NISA口座またはつみたてNISA口座を開設済み

❸信用取引口座を開設済み

❹信用取引の建玉を保有している

❺投資信託（ETF、REITを除く）の残高を保有している

出所：大和コネクト証券株式会社ホームページ

ブックビルディング ▶ 投資家がIPO株をいくらで何株買いたいかを証券会社に申告すること。申告された内容から取締役会で1株あたりの新株発行価格が決まる。需要積み上げ方式とも呼ばれる

初回口座開設でIPOの当選確率が上がる

JACK

資金量が少なくても参加できる優先抽選枠

　IPOのブックビルディングへの参加は基本的に抽選だが、例外として各証券会社ごとに「証券口座に多くの資金を入れている」「証券会社からすすめられる金融商品を購入する」といった人に裁量当選する枠がある。上記はある程度資金量がないと不可能だが、一部の証券会社の裁量枠のひとつに「初回口座開設を行った人」がある。この条件であれば資金量が少ない人や、メイン口座は動かしたくない人などでもハードルは低い。

　より徹底したい場合は、初回口座開設でIPOに申し込み、抽選があたったらしばらくして解約し、1年後に別支店で再度口座開設するという方法もある（都心など複数の支店がある場合限定）。開設口座を増やすと細かな事務作業が発生するが、当選して得られるメリットが多いと判断できれば開設するとよい。

IPOのブックビルディングに当選しやすい条件

❶

証券口座に多くの資金を入れている

SMBC日興証券では、預かり資産（または信用取引建玉の合計）の金額に応じた「IPO優遇特典」サービスがある

❷

営業マンにおすすめされる金融商品を多く買っている

証券マンと付き合うことでIPOなど有利な状況をつくれる可能性がある（テクニック167参照）

❸

初回口座開設を行った

その証券会社ではじめて口座を開設する場合、IPOの抽選に有利になる措置が取られるケースがある

口座を持っていなかった証券会社で口座開設＆IPO申し込み！

応用 technique 166

IPOチャレンジポイントは家族口座を活用する

JACK

みんなで申し込めば人数分のポイントが付く

IPOのブックビルディングに参加するには基本的に抽選に当選する必要があり、特に人気銘柄には多くの申し込みが入るため当選確率はかなり低くなる。ただし、SBI証券はブックビルディングの抽選に外れると「IPOチャレンジポイント」が加算され、SBI証券が主幹事の銘柄であれば、ポイントが多い人ほど当選確率が増加する。

目安として500ポイント程度を使うことで当選確率がかなり上がる。とはいえ、マメにIPOに申し込んだとしても、多くて1年で70ポイント程度の獲得が限度だ。しかしこれは1口座で行った場合であり、家族にも口座を作成してもらい、同じように申し込むことでその人数分、当選することになるので、効率性が上がる※。

応用 technique 167

証券マンと関係を構築してIPO・POの当選確率を上げる

JACK

ヘッジをかけながら証券マンとの関係を賢く築く

証券マンからおすすめのIPOやPOの情報を得られるケースがある。まず、証券マンから勧められた銘柄を積極的に買い、証券マンとの良好な関係を構築する。このときのポイントは、勧められた銘柄を買うと同時に、ネット証券で空売りしてヘッジをかけるということだ。もし株価が下落しても、手数料分だけの損害で済ませることができる。

下落が何度も続いた場合、店頭証券の口座上では結構な含み損になっている。そんなときに、証券マンに「結構損失が溜まっているけど、何かおすすめの金融商品や少しでも取り返す機会はない?」などと聞くと、IPOやPOの申込みをすすめられることもある。投資資金に余裕があり、空売りの制度に慣れてから使用したいテクニックだ。

※家族間でも、口座を持つ本人以外が取引する違法となる。ただし、18歳未満の未婚者を対象とした未成年口座の場合、親権者として取引ができる証券会社がある

応用
technique
168

短期でも長期株主優待を効率よく受ける方法

連続して権利日を持ち越して長期株主のメリットを得る

　優待銘柄のなかには、長期で保有している人の優待品がランクアップするものがある。例えば、2年以上株を持っている人が豪華な優待品をもらえたり、2年以上持っていないと優待品がもらえないといったケースだ。そのような銘柄は端株で1年中保有しておくようにする。後は短期取引で権利獲得日だけ買っておくようにする。そのほかの日は保有

しなくても、端株のみ継続保有していれば、2回連続で権利日を持ち越せば2年持っている株主とみなされる。優待株は値動きが安定しやすいが、長期で持つと地合いの影響で株価が下がることもある。また、デイトレでは資金の回転が重要であるため、保有期間中の資金拘束も避けたい。ただし、このテクニックを認めない企業も増えているため、対策としてテクニック169も参考にしよう。

資金拘束の負担が少ない優待獲得方法

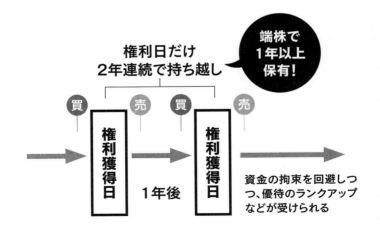

1年に複数ある判定日に
クロス取引する

JACK

企業のホームページなどで判定日を確認しよう

テクニック168で紹介したように、リスクの低い端株のみを長期保有して、短期でも長期優待を受け取る方法がある。しかし、最近では、優待必要株数の保有の判定日を1年に複数回設けている企業も増え、権利日だけ株を買っても長期株主優待として持ち越しを認めない企業も増えている。優待必要株数の保有の判定日は、下図のように企業側があらかじめ発表することもあるが、判定日はいつになるかわからない企業もある。サイゼリヤ（7581）はその代表だ。

優待目的で保有している銘柄がある場合は、権利日だけでなく、判定日においてもしっかり調べて優待クロスを行いたい。企業のホームページなどを閲覧しても判定日がわからない場合は、半年に1回または四半期に1回のペースで実際にクロス取引をしてみるしかない。

権利基準日の情報

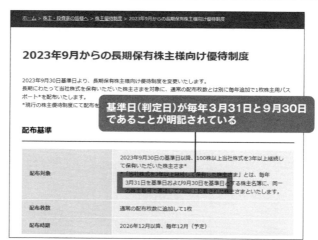

オリエンタルランドの「2023年9月からの長期保有株主様向け優待制度」の詳細ページ（https://www.olc.co.jp/ja/ir/benefit/benefit_long_202309.html）。このようにサイト上に判定日が記載されていることがあるため一度ホームページなどを確認してみよう。

優待クロス ▶ 現物取引での買いと信用取引での売りを、同じ銘柄で同じ株数だけ行うことで、株価変動のリスクを抑えて優待を入手するテクニック

応用
technique
170

複数の証券会社を利用して手数料を無料にする

JACK

売買手数料が無料になる証券口座を利用する

トレーダーにとってマイナスとなる売買手数料は、しっかり抑えておくべきだ。その際、手数料が無料になる証券口座を積極的に利用していきたい。

例えば、SBI証券のアクティブプランだと現物取引、制度信用、一般信用それぞれで100万円ずつまで、合計300万円までは手数料がかからない。仮に、SBI証券で100万円近くの取引を行った日に、さらに買いたい株がある場合は、手数料が無料となるほかの証券会社を利用すると、手数料ゼロの売買で利益を生み出せる。最近では、新規口座を開設すると1カ月手数料が無料になる特典のある証券会社や、そもそもの手数料が安いネット証券が増えてきているため、積極的に活用するとよい。

証券会社の手数料を比較

証券会社	手数料
SBI証券アクティブプラン	現物・信用取引（制度・一般）のそれぞれで1日の約定代金100万円、計300万円まで無料
楽天証券いちにち定額コース	現物・信用取引における1日の約定代金100万円まで無料
松井証券ボックスレート※	現物・信用取引における1日の約定代金50万円まで無料

※未成年を含む25歳以下は1日の約定代金合計金額に関係なく、売買手数料が無料になる

出所：各証券会社のホームページより編集部作成

一般信用では逆日歩という手数料がかからない

JACK

逆日歩の有無の違いは大きいので注意

信用取引には、制度信用と一般信用の2種類が存在する。

制度信用とは、返済期限が最長6カ月で、品貸料（株式が不足した際、売り方が買い方に支払う調達費用）が取引所の規則で決められているものを指す。このとき、株式が不足すると調達コストとして逆日歩がかかる。

一方、一般信用は、金利、貸株料および返済期限などを証券会社が顧客との間で自由に決められるものを指す。制度信用の返済期限が6カ月なのに対し、長期間、取引できる証券会社もある。そして、制度信用で発生する逆日歩は一般信用の場合は発生しないことから、確実にコストを抑えられる。

制度信用でも逆日歩がかからないことがある

JACK

記念優待なら逆日歩がかかりにくい

制度信用で逆日歩が発生するということは、何らかの理由で銘柄が注目され、取引が多く発生していることになる。特に優待の時期は優待クロスを行う人が多くなるため、逆日歩が発生しやすくなる。

しかし、記念優待の場合なら逆日歩がかかりにくい。記念優待は通常の優待とは異なり、創業やサービスの運営開始の周年、上場したタイミングなど、企業の節目となる年に合わせて配布される。一般に広く知られていないので記念優待目的で売買する人が少なく、制度信用であっても逆日歩が発生しにくいのだ。

制度信用を使ってクロス取引（テクニック169参照）を行うときは、こうした周りの投資家たちがあまり注目していない銘柄が有効だ。

IPOは補欠当選時の 購入申し込みを忘れない

JACK

一度落選しても もう一度チャンスがある

通常、IPOの抽選に当選した場合、当選後に購入手続きを踏む必要がある。しかし、なかには購入申し込みを忘れてしまい、購入申し込みを規定の期間内に行わなかった人がいる。そうして購入されずに残った株式は、落選した人に「繰り上げ当選」という形で配分される。

SBI証券などでは、繰り上げ当選の対象になったことを「補欠当選」と呼ぶ。補欠当選になった人は、「購入意志表示期間」と呼ばれる規定の期間内、「補欠当選株購入」「辞退」のいずれかを選択できる。

ここで「辞退」を選択したり、期間内にどちらも選択しなかった場合は繰り上げ当選の対象から外れてしまう。「補欠当選株購入」を選択すれば、当選後購入しなかった人が現れた際に繰り上げ当選できる可能性が高まるため、忘れずに申し込もう。

IPOの抽選結果の種類と補欠当選後の対応（SBI証券の場合）

①抽選結果の確認
SBI証券では、IPO抽選の結果が下記の3種類で表される

当選	IPOの抽選に当選
補欠当選	当選後に購入手続きを踏まなかった人がいた場合、繰り上げ当選の対象となる
落選	IPOの抽選に落選。繰り上げ当選もなし

②補欠当選の購入申し込み
抽選結果ページに表示される「購入意思表示欄」からいずれかを選択

補欠当選株購入	株式を購入しない当選者がいた場合に購入を希望する
辞退	該当の銘柄の購入を希望しない

→ **「補欠当選株購入」を忘れずに選択し、当選の可能性を上げる**

「立会外分売」は 割引購入のチャンス

yasuji

TDnetから割安な 購入情報を入手できる

通常、上場銘柄の株式を買うときは、証券取引所を通じ、その時々の株価で買うことになる。しかし、「立会外分売」という割引された値段で株式を買えるケースがある。これは、新規株主を増やしたい企業が、大株主の保有株の一部を証券取引所の立会時間外に売る仕組みだ。価格は、実施前日の終値より3〜5%安いことが多い。立会外分売を行う企業が現れると、各証券会社で発表されるため要確認だ。

また、こうした情報は、事前登録なしで日本取引所グループ（JPX）に所属する企業の最新情報を閲覧できるサイト「TDnet（適時開示情報閲覧サービス）」でも閲覧できる。立会外分売は人気のため必ずしも買えるとは限らないが、私の場合、立会外分売が発表された日の夕方に店舗証券のコールセンターへ電話すると購入できることが多い。

立会外分売の案内

立会外分売

企業等が保有する株式が、証券取引所の取引時間外（＝立会外）で売り出されるお取引です。

申込受付中・実施予定銘柄

現在取扱中の銘柄がご覧になれます。

お申込受付時間は、分売実施前営業日の夕刻（概ね17:15頃）〜 実施当日の8:20です。
弊社ウェブページログイン後「国内株式」→「注文」→「立会外分売」よりお申込ください。

■ 申込受付中

銘柄	信用/貸借	分売価格[円]	前営業日終値[円]	割引率	申込単位数量 申込上限数量	分売実施日	詳細
−	−	−	−	−	−	−/−/−	−

■ 今後の予定銘柄

楽天証券ホームページにおける立会外分売の案内（https://www.rakuten-sec.co.jp/web/domestic/off_auction/）。また、TDnet（適時開示情報閲覧サービス）（https://www.release.tdnet.info/inbs/I_main_00.html）からも確認可能だ。

※ネット証券の場合、多くの証券会社（SBI証券、楽天証券、松井証券など）では申込数が多い場合に抽選となるが、SBIネオトレード証券のように購入は先着順になっている証券会社も一部ある

資産管理・メンタル

トレードは、その場、その時々で
買うか売るかの判断を行う必要があり
中長期投資に比べてプレッシャーが大きい。
資産管理とメンタルの保ち方を学び
冷静に、落ち着いたトレードができるようになろう。

基本 lecture 175 デイトレの口座と 中長期投資の口座は分ける

藤本誠之

デイトレと中長期投資では 投資の目的が違う

投資は、リスクを分散しながら利益を徐々に積み重ねる「守りの投資」と、資産を積極的に増やす「攻めの投資」に分類できる。

中長期的なスパンで利益を得るための積立投資などが守りの投資に該当する。一方で、デイトレなど短期的な売買は攻めの投資だ。

守りの投資は大きく稼げないた

め、投資資産が1000万円以下の状態であればまず攻めの投資から始め、資産が増えた後で守りの投資を開始すると効率的だ。その際、攻めの投資と守りの投資で口座を分けておく必要がある。口座を一緒くたにしてしまうと、守りの投資の元手がいくらで、攻めの投資にいくら使えるのかが不明瞭になってしまうためだ。万が一攻めの投資で失敗しても問題ないよう口座は分けておこう。

基本 lecture 176 相場を生き残るための 3つのルール

矢口新

3つのルールで 値動きを味方につける

デイトレの収益は、値動き（ボラティリティ）からもたらされる。値動きが大きいほど大きな利益を獲得できるということだ。一方で、値動きが大きいほど失敗したときの損失も大きくなる。

テクニック075〜077のルールに加え、次の3つのルールを守ることで、堅実に利益を出しつつ大きな

損失を避けることができる。

①ナンピンに手を出さない

うまくいけば利益を狙えるが、信用取引だと追証を支払う可能性がある

②判断が難しい相場は避ける

明確に上昇、下降していない難しい相場では無理に売買を行わない

③リスクを抑えてチャレンジする

損失を小さく抑えればチャンスは常にある。

ナンピン ▶ 保有中の銘柄の株価が下がったときに買い増しをすること。その後株価が上昇すれば利益が増加するが、さらに株価が下がった場合は損失が拡大するためリスクが大きい

基本 lecture 177
納得できる打診買いの量を試しながら探す

「悔しい」と思う量を経験から学んでいく

少しだけしか打診買いできなかった銘柄が上がっていくと、もっと買えばよかったという気持ちになる。それが原因で高値を追ってしまい、取得平均価格が上がり、資産管理が崩れてしまう。

打診買いのときは、買いそびれても悔しくない量を買っておくことが大事。その量は人によって異なるため、自分の気持ちと向き合いながら適量を探っていこう。

例えば、買いたい量の5分の1を打診買いし、上がってしまって悔しければ、次は4分の1にする。それでも悔しければ3分の1にする。いろいろ試しながら自分が納得できる分量を探り、把握しておこう。

打診外の許容額を探っていく

希望株数の**5分の1**だけで打診買い

株価上昇後に「もっと買えばよかった」と後悔した

希望株数の**4分の1**だけで打診買い

株価上昇後に再び後悔した

希望株数の**3分の1**だけで打診買い

ある程度の利益が出たので悔しい気持ちが出なかった

ピラミッティングで
利益の嵩上げと強さをはかる

トレンドと合致していれば
ポジションを増やしていく

　資金管理の代表的な方法として「ピラミッティング」がある。

　仮に買いでエントリーし、予想通り株価が上昇すれば、ピラミッドを築くようにトレンドに沿って枚数を増やし、相場の伸びがもたつくようならすぐにポジション枚数を減らす手法だ。

　早い段階で予想とは逆の動きを示したときにはまだポジション枚数が小さいので損失が小さく済ませられるのが利点。方向があたったときには、その過程で枚数を増やしているため、最大利益をかさ上げすることができる。その際、あらゆる価格帯に買い注文が絡んでいくことになるため、相場がもたつくポイントなど強さをはかることもできる。一方で、値幅の出ない相場のときには、後から増やした玉数分不利になることが多く、相場の読み解きが必要だ。

ピラミッティングのイメージ

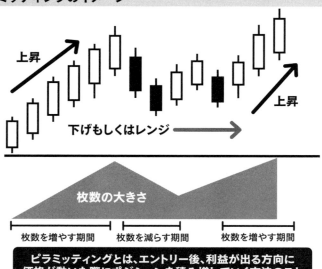

応用 technique 179 大荒れした翌月初は 株価下落に注意

藤本誠之

前月に相場が荒れたら TOPIXに注目

リーマンショック以後、巨額の資金を運用する投資家の間では、リスクコントロールを行い運用成績を向上させることが主流になっている。

リスクは変動率(ボラティリティ)で計測されている。株式・債券・現金などさまざまな資産のなかで、大きく値動きし、変動率が上昇した資産の投資比率を下げ、別の金融商品に振り分けるのだ。

このようにして、前月の変動率の変化にもとづいて当月初に資産のリバランスを行いリスクを下げるファンドが多くなっている。そのため、前月に株式相場が荒れて、TOPIXが大きく値動きした場合、月初は株式を売却する動きが増えるため、株価下落の可能性が高まるのだ。

基本 lecture 180 ロットは資産ステージごとに 定額で管理する

ロットが大きくなると 損失も大きくなる

資金管理の失敗としてありがちなのが、勝ちが続くとそれに応じてロットが大きくなり、たった一度の負けでそれまでの勝ち分を吐き出してしまうケース。

いくら手法が優れていても、保有資金に対して一度で大きな損失を出してしまうと、そこでリズムが崩れ、さらなる失敗を呼び込んでしまうことが多い。

そうした失敗を防ぐために、資産が1000万円では取引に使える最大金額を300万円まで、資産2000万円までは上限に600万円というようにロットを定額にすることで、一度に損失する幅を限定でき、精神的な安定にもつながる。

変動率
(ボラティリティ) ▶ 値動きの大きさのこと。この数値が大きいほど株価は上下に大きく動きやすい

地合いが悪いときの参加は
スイングとヘッジをセットにする

■地合いが悪くなったら
手放すのがベスト

　相場で大事なのは資産を守ることだ。大きな損を避ければ生き残ることができ、生き残れば再び資産を増やすチャンスがやってくる。そこでポイントとなるのが地合いが悪いときや相場が不安定なときの立ち回り方だ。

　最も避けたいのは、大きく損をすることである。そのため、地合いが悪くなってきたときはポジションをいったん手離すのがよい。ポジションを手離すと利益も減るが、しばらく経てば地合いは回復する。

　また、そのような地合いが悪いときの参加はスイングとヘッジをセットにする。個別株が下がっても資産全体は減らないよう、リスクヘッジとして日経平均株価に連動するETFや先物の売りポジションなどを検討したい。

■ヘッジのイメージ

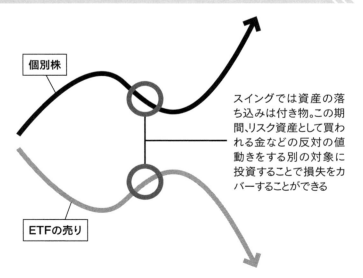

個別株

ETFの売り

スイングでは資産の落ち込みは付き物。この期間、リスク資産として買われる金などの反対の値動きをする別の対象に投資することで損失をカバーすることができる

基本 lecture 182 ひとつの銘柄に入れ込まないよう 1銘柄の保有上限を決める

yasuji

取引株数の目安をつくって 「過剰な売買」を防ぐ

当然の話だが、売買する株数を増やすほど得らうえる利益（または損失）の金額が大きくなる。株価が50円上昇したとき、100株を売買すれば利益は5000円。1万株を売買すれば50万円だ。

株価が急上昇したときはより大きな利益を求め、いつもより多い株数を買いたくなる。反対に、株価が大きく下がったときは何度もナンピンして、購入単価を下げたくなる。

しかし、ひとつの銘柄に入れ込みすぎると売買に失敗したときの損失が大きいリスクがあり、また資金効率も悪くなる。ひとつの銘柄に入れ込みすぎないよう、私は「1銘柄につき多くても3000株まで」という目安をつくっている。目安があることで、失敗しても引き返せるだけの余力が生まれる。

基本 lecture 183 投入資金を分割し 複数回に分けて買っていく

JACK

上昇するシナリオを 事前に想定する

その日の底値をピンポイントで捉えて買い、そこからすぐ含み益になるトレードは理想的だが、実際にはかなり難しい。そのため、どんな手法を使っても「買ったら株価は下がるもの」と想定しておかなければ、買値から株価が下がる度に損切りする羽目になる。

対策は、1銘柄における投入資金を分割し複数回に分けて買うこと。例えば資金が30万円であれば3分割して、最初は10万円分を買い、以降、価格が下がるもしくは横ばいのタイミングで、残りの20万円を分割して買い増しする。ナンピン手法ではあるが、上昇するシナリオを事前に想定でき、資金を全額投入した後のロスカットのラインが明確であれば、投資戦略に組み込むことで損切りの頻発を防ぐことができる。

基本 lecture 184
ひとつの銘柄に最大で資産の 3分の1以上投資しない

一度の損失で再起不能に ならないように設定する

投資にとってお金は生命線。資金を失ってしまえば戦い続けることはできなくなる。

普通の株式投資などは丁半博打とは違い、一瞬でお金がと飛んでいったり、倍になったりすることはないが、どんな銘柄にも突然の急落や、最悪、破綻倒産で価値がゼロになってしまうというリスクは常にあるた

め、銘柄に投資する上限額を決める必要がある。

株には最低投資単位があり、細かく資金配分するのには限度があるが、一度にひとつの銘柄に投資するのは投資に回す資金全体の4分の1程度、大きくても3分の1ぐらいまでにとどめておくと、一度の損失で再起不能にはなりにくくなる。

基本 lecture 185
取れなかった利益より 取れた利益に着目

投資スタイルを崩さず 次のチャンスに目を向ける

いずれ買い増ししようと思っていた銘柄が、スルスルと上がり、買いそびれてしまうことはよくあるものだ。利益確定で売った銘柄が、その後、さらに値上がりすることもある。

そういうときに、全力で買えばよかった、売らなければよかったと考えるとストレスがたまる。その後、

まだいけるかもしれないと思って、高値で買い増しするなど、投資スタイルが崩れることがある。

投資スタイルを崩さないようにするには、取れなかった利益ではなく、取れた利益に目を向けることが大事。「安値でいくらか買えていれば利益は出ているはず。利確できたのであれば資産は増えている」と考えて次のチャンスに目を向けるようにしよう。

スイングは取得単価を上げず 高値を追わない

基本
lecture
186

もっと買いたいと思っても 高値追いは避ける

　買い手にとって重要なのは、値上がりする可能性が高い銘柄を見つけることと、その銘柄をできる限り安く買うことだ。

　デイトレの場合、上昇中の株であれば、高く買っても、さらに高く売ることができる。

　一方、スイングの場合は時間軸が広くなり、過熱感が抑えられるため、高値更新する頻度が下がること

から高値で買うことが損につながりやすい。取得単価が上がり、儲かる可能性が小さくなり、損する可能性が大きくなるからだ。

　そのため、買おうと狙っている銘柄だったとしても、高値を追って買うのはなるべく避け、取得単価を上げずにいたほうがよい。

スイングの値動き

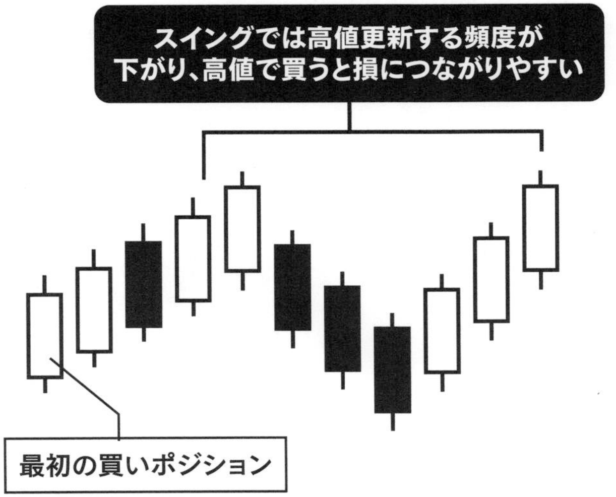

スイングでは高値更新する頻度が
下がり、高値で買うと損につながりやすい

最初の買いポジション

197

後場から入る場合の
デイトレのリスク

■ 時間とリターンは
■ 常に意識する

前場の寄りからの1時間半で売買を終わらせておくことは、デイトレにおいて最も守るべき鉄則だ。

1日の売買のほとんどがこの1時間半に集中しており、出来高も伴うことから値動きも大きくなりやすい。特に前場で指数が下がっているような状況では、後場で日経平均株価の動きにつられて個別株も下げていくことが多く、買いで参加するにはリスクが高い。

また、時間とリターンの関係で見ても、前場では引けまで5時間でリターンを出せる可能性があるが、後場での買いでは引けまでは2時間半しかなく、持ち越すという戦略がない限りはそこで売買してもリターンを出すための優位性が少ない。

前場の寄りからの1時間半で終わらせた方がよい

[ARENT（5254）　5分足　2023年4月25日〜4月26日]

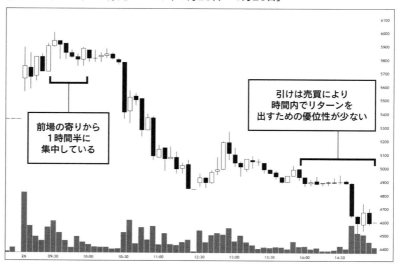

前場の寄りから
1時間半に
集中している

引けは売買により
時間内でリターンを
出すための優位性が少ない

枚数コントロールを細かく繰り返せば損小利大になる

損切の金額を設定して損小利大を実現する

　外れたときは小さくやられて、あたったときは損失より大きな利益を出すことができれば損小利大は実現する。外れたときには、いち早く枚数を減らしていく。やられたときにナンピンで枚数を増やすのはリスクを上げていく行為であり、避けるべきだ。

　リスクはあたっているときにこそ上げていく必要がある。あたったと

きには枚数を上げていく。ノセるときには素早く。後からノセたポジションが損失になってきたら枚数を落とし、また順方向に動き出したら枚数を上げていく——。勝つ金額はコントロールできないが、損切りの金額はコントロールできる。枚数のコントロールを細かく繰り返していくことで損小利大を実現していけるのだ。

枚数をコントロールしていく

再び順方向に動き出したら枚数を上げる

外れたら枚数を下げて損切りを小さくする

基本
lecture
189

1日の損失限度額を
比例で決める

資金の増減に対しての
5％と決めておく

テクニック184と関連して、1銘柄あたりの投資上限から全体の投資額を決めたら、1日の損失で出してもよい額を決める。

おすすめは全体の投資額の5％程度。1日の損失を5％にとどめておけば仮に毎日損失を出したとしても20日間、約1カ月間は投資を続けることができる。

この場合、当初の資金の5％だが、日々の増減した資金に対して5％の損失で比例させていくのがキモ。

こうすることで、資産が減った場合に、許容損失額も同時に減ることになるため、ポジションサイジングの目安とすることができる。

資金が減ると損失限度額も減る

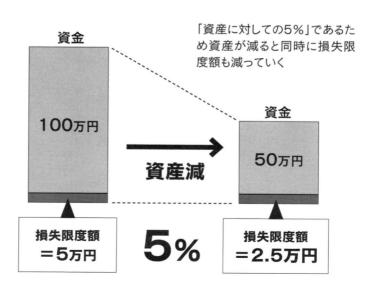

「資産に対しての5％」であるため資産が減ると同時に損失限度額も減っていく

資金
100万円

資産減

資金
50万円

損失限度額
＝5万円

5%

損失限度額
＝2.5万円

ポジション
サイジング
▶ 資産管理のこと。相場の状況に合わせて取引量を変え、損失を抑えて利益を得るために行う

1回の取引における損失限度額を決める

損失を出す取引を5回までに制限する

テクニック184、189と関連して「1銘柄の上限額」と「1日の許容損失額」を決めたら、さらに1回の売買でやられてもいい損失限度額を決める。

1日の損失限度額は資金の5%としたが、これを守るためには、1回の売買でこの5%に到達しないように1トレード毎の損失上限を決める必要がある。

図のように目安としては1トレードの損失を1日上限の20%に押さえ込めれば1日損失が続いても5回は売買できる。5回取引して全部負けるようなら、その日の相場には合っていないということ。そこでその日のトレードはやめておく、というルールづくりができるのだ。

1日の損失限度額を20%に設定

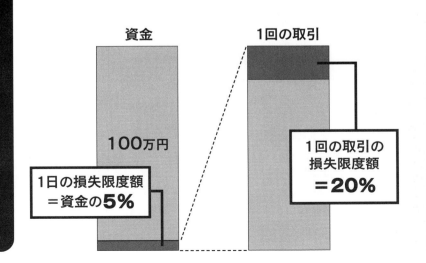

資金

1回の取引

100万円

1日の損失限度額
=資金の5%

1回の取引の
損失限度額
=20%

予想が外れたら素早く損切りする

確率50%でも損切り＜利確なら稼げる

デイトレでは、買った（空売りした）ときの方針を途中で変えてしまうことで、損失が膨らんでしまうことが多い。例えば、デイトレで買って値下がりした銘柄を持ち越したり、損失補填のために予定外のナンピンをするといったことがその典型例といえる。中長期で保有するつもりであればナンピンなども有効だが、デイトレでは損切りが必須。ど

んなにうまい人でも値動きを100%当てることは不可能だ。確率的には2回に1回は外れる。

重要なのは、外れたときに素早く損切りできるかどうか。「損切りによる損失＜利確した額」なら、確率が50%でも稼げるだろう。

勝率はあまり重要でない

10回の取引で

5勝 **5敗**

勝率50%だったとしても

100万円利益 ＞ **80万円損失**

であれば利益が出る

応用
technique
192

偶数株数買って
儲けの可能性を持たせる

株主優待や配当も継続して受け取れることがある

　同じ銘柄は偶数株数買うとよい。

　例えば、とある銘柄を200株を購入し、株価が倍になったとする。そこで、100株を売却すれば残りの100株はタダで手に入れたと同然になる。一度買った銘柄の戦略を途中で変更することは基本的におすすめできないが、この場合は100株分の利益を確定させているため、残りの半分を中長期投資へ回すこともでき

る（ただし、含み益がある状態での戦略変更は、含み益を失う可能性があるためおすすめできない）。反対に、株価が下がって損切りをする際にも、その後の株価上昇を期待して半分だけ売却するなど有効的な手段がとれる。

　このほか、半分売った後でも株主優待や配当も継続して受け取れるケースがある。株式を一部売った後も恩恵を受けられるようにポートフォリオをつくるとよいだろう。

一部売却した後も恩恵がある

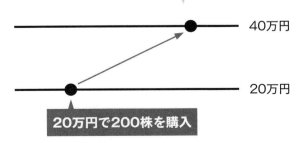

40万円になったとき100株を売れば、元手は回収したことに。タダ同然で手に入れた株は長く持てる

40万円

20万円

20万円で200株を購入

基本 lecture 193
相場に応じた投資スタイルの使い分けを考える

自分の利益を出せる場を優先するのが大事

スキャルピングやデイトレは「手法」「メンタル」「資金管理」すべてにおいて総合的なバランスが問われるため、中長期投資と比較して、長く投資を続けていくという面で難易度が高い。

投資家のV_VROOM氏はデイトレを中心に行う投資家だが、同時に中長期や四半期のスイングトレードなど、短期だけにこだわらないスタイルを模索し続けているという。相場は常に移り変わるものという点を念頭に置いて、中長期のほうが利益を出せそうだと判断できればそちらに移行するなど、選択肢をデイトレだけに絞らず、柔軟に自分の利益を出せる場を優先することが生き残るために必要だ。

基本 lecture 194
勝てる方法だけを模索し続ける

負けの原因ばかり追わず勝ちの理由を追う

株取引での負けの原因はさまざまだが、資金管理などの失敗は除いて、その多くが「想定外の負け」にあるという。常に相場は変動しており、負けの原因はその時々によって異なることが多い。

トレードの記録を取り、負けた原因を研究して次に生かすというアプローチ自体は否定しないが、そもそも研究の目的は「トレードで勝って利益を出すこと」。負けの原因に再現性が少ないのであれば、負けたら負けたで理由は深く追わず、勝った場合は勝てた理由を検証したり、より勝率や期待値を上げる方法だけを模索することが利益を出すための近道だという。

決めた売買ルールは順守する その場の心情に流されない

その場、そのときの心理で 売り買いの判断を曲げない

人の気持ちは揺らぎやすい。自信を持って買った銘柄でも、値下がりすると不安になる。想像以上に上がると、浮き足立って乱暴なトレードをしてしまう。気持ちの揺らぎが原因で、売買方針を曲げてしまうこともある。

例えば、移動平均線を割ったら売ると決めていたにもかかわらず、別の理由を探して持ち越そうと考えてしまったり、悔しさを紛らわすためにナンピンしてしまったりするようなケースだ。それが損失を大きくする原因になる。

重要なのは、買ったときの方針を曲げないことだ。「デイトレで買った銘柄をスイングに変えない」「チャートがよいと思って買ったのであれば、チャートが悪くなるまで保有し、チャートが悪くなったら売る」というように、その場の心情に流されないように心がけよう。

基本は決めた売買ルールに従う

[ベネフィット・ワン（2412）　日足　2022年12月～2023年3月]

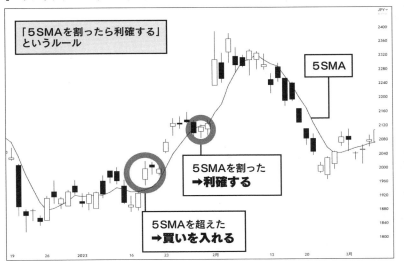

「5SMAを割ったら利確する」というルール

5SMA

5SMAを割った
➡利確する

5SMAを超えた
➡買いを入れる

事前にトレードのシナリオを準備しておく

JACK

想定よりも低ければ買い高ければ様子見する

デイトレなど短期のスパンで取引を行う場合、目先の株価の上下を追って売買の判断材料にすることは確かに重要だが、どれだけ株価上昇へのシナリオを考えられているかによってもトレード結果が大きく変化する。

例えばIPOのセカンダリー投資を狙って買う場合、投資対象の銘柄が上場時にどの程度の価格が付くのかを事前に想定しておく。そして、実際につく価格が想定よりも低ければ買い、高ければ様子見、規制がかかって当日中に価格が付かないのであれば、翌日以降、規制解除後の買いの動向を見越して初値が付いた日の14〜15時までに買うというように、上場後に起こりうる複数のシナリオを用意しておくのだ。こうすることで、買うべき局面と様子見する局面が明確になる。

初値をパターンごとに予想しておく

アナリストなどが初値予想　　　　　　　上場されて初値がつく

上場

①初値が低い場合→今後の上昇を期待して買う

②初値が高い場合→下降する可能性があるので様子を見る

③初値がつかなかった場合→翌日以降、規制解除され初値が付いた日の14〜15時までに買う

事前にシナリオを用意しておくと慌てずに対応できる

規制解除　　　▶　IPO銘柄で、売りか買いの注文が大きく偏り初値が付かない場合、翌日から購入に規制がかかる。初値が付いた翌日から規制が解除され、その後は売買が活発になりやすい

デイトレでは相場予想をしない

デイトレの我慢は損失を拡大させる行為

デイトレでは、我慢をしないほうがよいだろう。うまくいったらすぐ利益を確定する、やられたら損切り。それを淡々とこなしていくとよい。というのも、相場予想をしてしまうと、逆に行ったときに感情的になり、決済が遅れてしまうからだ。目の前の相場の値動きに対して思ったほうに張り、当たれば買い、逆に行ったら売る。それを繰り返していくのが重要である。

デイトレの最大の利点は大負けがないこと。我慢をするということは損失を無為に拡大させる行為である。それではデイトレの利点を殺してしまうのだ。

売買の参考にする情報は投資手法に合わせる

その手法に合ってるかで参考にする情報は変わる

5年先、10年先を見据えて株を買う際にファンダメンタルズ（ファンダ）を参考にする人が多いが、デイトレではファンダ分析だけでは対処できない。例えファンダがよい企業でも、上昇だけを続けることはないからだ。長いスパンでは上昇トレンドでも、デイトレでは、その日に下落していれば利益を得ることは難しくなるため、テクニカル分析を味方に付けたい。ただし、数秒単位で売買を繰り返す場合は、テクニカル分析だけで判断しにくい場合もある。分析をしている間にも株価が上下するため、板の状況などから相場参加者の動きを見抜く力が必要になるだろう。もちろん、デイトレでもある程度のファンダの知識は必要だが、自分の手法に合わせて参考となる情報を取捨選択しよう。

基本 lecture 199 忙しいときは ポジションを持たない

相場、仕事、家庭に 悪循環が生まれてしまう

兼業投資家は、仕事などで忙しい時期がある。

兼業・専業を問わず、家庭の用事などで忙しくなるときもあるだろう。そういうときは相場に集中しづらく、判断を誤りやすい。

また、相場で損することで心理的な負担が大きくなり、日常に悪影響が出ることもある。

そのような悪いサイクルに入ってしまうのを防ぐために、忙しいときはいったん相場から離れるのがよい。

スイングの場合は手仕舞いしたり、買いポジション・売りポジションのバランスを調整して、地合いの影響を受けにくいポートフォリオにしておこう。

一度相場から離れてみる

仕事などが
忙しくなる

**兼業投資家
の悪循環**

相場に
集中しづらくなり
失敗してしまう

心理的な
負担によって
仕事に支障が出る

こうしたときはいったん手じまいして
相場から離れてみよう

応用
technique
200

勝っている投資家の
思考をトレースする

当時の状況を再現すると
見えてくるときがある

　投資家のV_VROOM氏は勝ち筋を身に付けるためには、「勝っている投資家の思考をトレースする」という。まずはヤフーファイナンスの掲示板やTwitterなどで有名投資家が買った銘柄を調べよう。同じ銘柄を買うのではなく、有名投資家が「いつ、どんな銘柄を売買したのか」を探る。そして、「なぜこの投資家

はここで買ったのか」とイメージすることで、勝ち筋が見えてくる。もちろん、すべての人がどんなタイミングで売買したのかを公開していることは少ない。そのため、チャートや板で当時の状況を再現すると、どのタイミングで売買したのか、わかるようになってくるという。有名投資家が買った相場と似たような状況やタイミングで買うと、利益を生み出すことができる。

応用
technique
201

儲かっても同じやり方に
固執しない

新しいものを取り入れて
自分をアップデート

　トレードする人にとっては、ツールも手法もたえず更新していったほうがよい。ツールの面では、例えば情報収集の手段としてTwitterを使うのがあたり前になった。「SNSは苦手だから」と食わず嫌いすると、それだけで有効な手法をひとつ放棄してしまうことになる。手法についても同じで、過去に使えた手法が通

用しなくなるケースは多い。
　継続的に勝っていくためには、古い手法を捨てる勇気が必要。過去のやり方に固執せず、自分をアップデートする。そういう意識を持って、新しいものを取り入れ、新しいことに挑戦していくと、結果としてトレーダー・投資家としての実力を高めることにもつながる。

基本 lecture 202
値動きが不透明になったら手放す

迷っているときは
いったん手放してみる

イメージ通りの値動きにならなかったり、この先どう動くのかわからないなと感じたら、いったん手放す。その判断により、予想外の値下がり・値上がりで損するリスクを抑えることができる。

手放したことで利益を逃してしまうこともあるが、迷っている状態で勝てたとしても、それは運で勝ったのと同じ。値動きで迷うということは、値動きを把握できていないということ。少なくとも、自分が考える値動きとは違う値動きになっている。その事実を認められるかどうかが大事なのだ。いったん手放し、冷静に値動きを考えた上で、買えると思ったら再び買うようにしていこう。

基本 lecture 203
運と実力を分けて考える

運だけではなく
勝てるトレードを考える

確率的に考えると、上がる・下がるの判断は50%の確率であたる。ボラティリティの大きい銘柄は、オーバーシュートすることによって大きな利益が得られることもある。

重要なのは、そのような利益を得たときに、運の要素がどれくらいあったか考えることだ。運は自分の力では再現できないため、その部分は実力で得た利益とはいえない。

逆に、相場が急変するなどして損した場合も、銘柄選択や売買のタイミングなどが間違っていなければ、運で負けたから仕方ないと割り切ることができる。

大きな利益が出ると嬉しく、大きな損をすると悔しく感じるが、それよりも重要なのは、運の部分を覗いて勝てるトレードをしたかどうかである。

基本 lecture 204

売った株は監視銘柄から外し見ないようにする

売った後の値動きを見ないようにすればよい

高値・安値を完璧にあてることは不可能だ。相場には「頭と尾っぽはくれてやれ」という格言もある。ただ、そうはいっても売った株が上がると悔しいもの。ストレスを感じ、そのせいで売買判断が鈍ってしまうこともある。それを防ぐ最も簡単な方法は、売った銘柄の値動きを見ないようにすること。監視銘柄から外せば、その後の値動きを見ずに済む。

損切りの場合も同じ。売った後に株価が戻ると悔しくなる。だから、見ないことが大事なのだ。感覚としては、昔の恋人のことを忘れるのに似ている。SNSなど見て楽しそうにしていると悔しくなる。見なければよいのである。

利確後は値動きを追わない

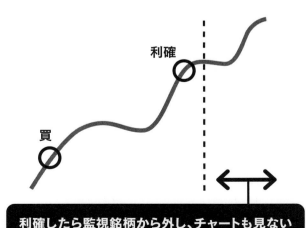

利確したら監視銘柄から外し、チャートも見ないようにすれば悔しい思いをすることはない

基本 lecture 205 取引記録を付けて トレードを振り返る

負けトレードをどれだけ つぶせるかが利益につながる

取引記録を継続して付けることは、短期間で成果が出るテクニックではないが、長いスパンで見ると利益につながる。

特に「負けた取引」を記録し、後で振り返ると今後のトレードでそうしたミスをしづらくなる。

下の図のように、取引内容とその状況を記録しておくと、後で振り返る際に有効だ。

また、可能であればその際のチャート画像などをキャプチャしておくと状況をイメージしやすくなる。

ただし、優先すべきは「継続すること」なので、簡単で効果的なやり方を見つけるとよい。

取引内容と状況を記録する

[リソルHD（5261）　日足　2022年12月〜2023年3月]

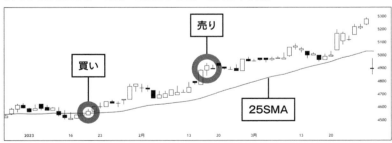

日付	2023年1月19日
取引銘柄	リソルHD（5261）
取引数量	200株
買い付け価格	4570円
備考	ローソク足が25SMAを上回ったためエントリー

日付	2023年2月16日
取引銘柄	リソルHD（5261）
取引数量	200株
売り付け価格	4920円
備考	ローソク足が25SMAから大きくかい離したため決済

負けた原因を明確にして冷静な目で振り返る

理由を突き止めて次に活かす

トレードで負けるときは理由がある。例えば、損切りが遅かったり、買うタイミングが早かったのかもしれないし、銘柄選択や、買ったときの地合いに問題があったのかもしれない。

重要なのは、その理由を突き止めることだ。負けたトレードを振り返り、いつ、何で負けたのかを明確にする。例えば、地合いが悪く、値動きが読みづらい相場でトレードしているとわかれば、次からは同じミスを繰り返さなくなる。また、負けが続いて手持ちの銘柄が含み損となっている場合は、いったんすべて手放すのも有効な方法。

収支をプラマイゼロにすることで、冷静な目で自分のトレードを振り返ることができ、新たな気分で相場と向き合いやすくなる。

自分が勝ちやすい条件を把握する

苦手な相場のときはトレードしないことを決める

投資家にはそれぞれ得手・不得手なトレードがある。例えば、人気株の順張りトレードが得意な人がいれば、急落株の逆張りが得意な人もいる。重要なのは、自分が得意なトレードを生かし、不得意なトレードを避けることだ。そのために、自分が過去にどんなときに勝ったのか振り返る。得意な地合い、銘柄などを把握することが、勝率アップのヒントになるだろう。

苦手な状況だと感じた場合は、トレードせず、回数や金額を減らすといった対策をしておく。新規ポジションをもたない、信用口座で買わないといったルールを決めておくこともリスク対策になる。自分の得意な相場が来るまでしっかり「待つ」こともトレードのうちだ。

気づいたことをメモして定期的に見返す

■ 書いておけば忘れない
■ 成長のヒントになることも

　人は忘れやすい生き物だ。ミスしたり損した場合も、そのときは反省するかもしれないが、やがて忘れてしまい、同じことを繰り返してしまう。それを防ぐにはメモを残すことが大事。

　例えば自分なりのトレードのルール決めたら、それをメモなどに書き、目に入るところに貼っておく。また、トレードを通じて考えたことや、自分の性格について気づいたことなどもメモしておく。自分がどんなときに無理なトレードをしたか、どんな結果に悔しいと思ったかなどを書いておき、後で定期的に見直す。トレードに必勝法はなく、小さな進歩を重ねていくことが大きな勝ちにつながる。小さな気づきを書き留めておくことが重要だ。

メモの例

- 節目前後で待ちきれずエントリーしてしまった
- 寄り付きは様子見する
- 損失限度額は20%
- 一度に資金を全額いれない
- 利食いした後はチャートを見ない

**小さな進歩を
重ねていくことが
大きな勝ちにつながる**

応用
technique
209

自分の買値を気にせず今の株価に集中する

今の株価に集中して相場と同じ視点に立つ

ポジションを持ったときに、自分の買値・売値を気にする人は多い。そこが損益分岐点となるため、当然ともいえるが、実は気にしてもあまり意味がない。

相場参加者は他人の買値・売値を知らず、知ろうともしていない。相場参加者が気にしているのは、今の株価と、株価がどう動くかである。その視点に合わせるために、今とこれからの株価に意識を向けることが大事。

例えば、100円で買った株が105円になったとしたら、5円上がっていることではなく、105円からどう動くか考える。95円になったとしたら、100円に戻るかどうかを考えず、95円からどう動くか、その時点の株価視点で考えるようにしよう。

相場はあなたのポジションを気にしない

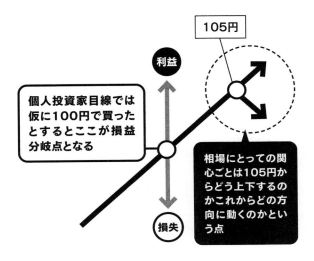

105円

利益

個人投資家目線では仮に100円で買ったとするとここが損益分岐点となる

相場にとっての関心ごとは105円からどう上下するのかこれからどの方向に動くのかという点

損失

含み益を気にすると判断が鈍る

含み益を気にすると売買判断が鈍る

含み益は幻という表現にもあるように、利益は確定してこそ利益であり、含み益は途中経過にすぎない。そのため、含み益があったほうが精神的に楽だとしても、現状としていくら得しているかはあまり考えないほうがよい。むしろ含み益を気にしすぎることが売買判断を誤らせることもある。

例えば、まだ株価上昇が見込める状態であるにもかかわらず、利益ほしさに安価で売ってしまうようなケースだ。重要なのは、今の株価がこれからどう動くかを考えること。相場参加者は他人の含み益がいくらなのか知らない。つい含み益が気になってしまう人は、思い切ってモニターにそれらを表示しないようにするのもひとつの手だ。

また、下図のように売る目標を決めることで含み益の多少の増減が気にならなくなるケースもある。

含み益は気にしない

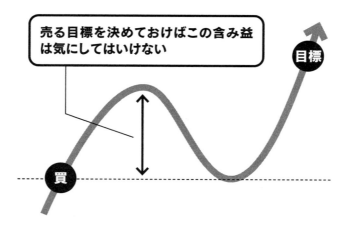

売る目標を決めておけばこの含み益は気にしてはいけない

目標

買

含み益の持ち越しで メンタルを調整

JACK

翌年の1月に持ち越して 年初めをスムーズに迎える

確定申告の関係で、基本的に年間の投資成績は1月〜12月の間で判断することになる。その関係で、年を明けた1月がその年度のスタートということもあり、以降のトレードに悪影響を避けるためにも、1月〜2月のトレードは心理的に慎重になりがちだ。

対策として前年の12月が含み益になっている場合は、あえて当月に確定させず、翌年の1月に持ち越すことで、1月当初からプラススタートができることからポジティブのトレードが可能となる。

また、これは、月・週単位でも応用できる。なお、持ち越しリスクの対策として、空売りなどを併用するのもよい。

翌年1月に余裕を持ってスタートを切る

含み益

2023年12月 　　　　2024年1月

翌年1月に余裕を持ってスタートを切る

1月当初から、ポジティブにその年のトレードのスタートができる

含み益を持ち越したことで よりよいスタートが切れる

基本 lecture 212

3勝2敗でも大健闘と捉える

一度の負けを引きずらず心の余裕を持つ

　自分の投資成績を振り返る際、損失の金額にもよるが、「投資結果」と「投資した金額のトータル」でその投資の効率性を見る必要がある。

　例えば、5銘柄に投資したとき、3勝2敗であっても、トータルで見れば「勝ち越し」となるため、2敗に対して過度にダメージを受けてはならないのだ。

　「しまった、あのとき売らなきゃよかった」といって考え込むのではなく、「よし、もういいから次行こう」といって気持ちの切り替えができなければ、いつまでも心の余裕が持てず、苦しくなってしまう。特に日経平均株価が高止まりの相場では、全部勝とうという気持ちで、投資をするのではなく「3勝2敗で上出来」と考えて、的確な売買判断ができる心理状態を維持していこう。

基本 lecture 213

生活にルーティンを設ける

シンプルに相場に向かえる環境をつくる

　寄付からの1時間はデイトレにおいて最も収益に関わる時間帯（テクニック005参照）。人によって方法は異なるが、勝ち続けるデイトレーダーはこの時間に向けて集中力を発揮できる環境を整えている。

　例えば、ポジションがなくとも、8時には起床し、前日のダウや欧州の指標、日経の終値の確認を終えた

ら、8時15分からの日経CNBCを見ながらざっとその日のトピックを探し、気になるものがあれば深堀りというルーティンを続ける。

　また、食事に関してルーティンを決めている投資家も多く、シリアルなどの常備食を食べる人もいれば、食事によって反応が遅れるのを防ぐため朝食を抜いて相場に臨む人もいる。可能な限りシンプルに相場に向かえる環境を整えよう。

おすすめされた銘柄は安易に買わない

すすめられると判断された理由を学ぶ

テクニック156でも触れたが、Twitterや雑誌などさまざまだが、株式投資において「おすすめ銘柄」を目にすることはよくある。こうした情報自体は否定しないが、仮に売買をするならば「自分のフィルターを通すこと」が重要だ。

純粋に他意なく勧められた銘柄であっても、教えてくれた人のルールに沿って「上がる」と判断されているため、もしその銘柄で利益が出てもあなたの経験値にはならない。重要なのは、なぜ教えてくれた人は勧められるほどの銘柄と判断したのかや、本当に自分の判断基準に照らし合わせてもよい銘柄だと判断できるのかを考えることだ。セミナーは、他人の判断基準を学んだり、自分の判断力を養ったりする場所だという考え方を忘れずに持っておこう。

新しい手法は3～6カ月継続して使用する

川合一啓

多くの手法に「寄り道」するのは失敗のもと

失敗しているトレーダーの多くは、テクニカル指標に頼りすぎている傾向がある。ひとつの画面に複数のテクニカル指標を表示すると、かえって判断基準が複雑になってしまう。また、新しいテクニカル指標を1～2回使っただけで「うまくいかなかった」と決めつけ、「ほかに新しいテクニカル指標はないか」と考えがちだ。しかし、そうしたマインドは失敗の元だ。自分に合うテクニカル指標を使って成功している人は、ひとつのテクニカル指標の使い方を熟知している。そうしたトレーダーを目指すには、ひとつのテクニカル指標を最低でも3～6カ月は使い続けて検証する必要がある。テクニカル指標を使う際のマインドを変え、「使いこなせるようになるまで検証を続ける」姿勢を取ろう。

基本 lecture 216 自分が有利なタイミングを見計らってトレードを行う

■ プロにはできない「休む」という個人投資家の特権

　株式投資の知識や手法を学ぶと、つい目の前の相場で利益を出すことに集中してしまうが、個人投資家の「取引するタイミングを選ぶことができる」という一番のメリットを忘れてはいけない。企業の運用部門で働くトレーダーは業務の構造上、日々「トレードしない」という選択肢を取れないが、個人投資家はト

レードを行う日時を自由に決めることができる。自分がより有利なタイミングでトレードを行うという意識をより強く持つとよい。

　実際に全体相場が上昇していても、自分の相場観と合致しないのであれば、むやみにトレードを行わない、もしくは安い位置に指値を出しておくなど、少し守備的なスタンスで対応しよう。得意な相場に切り替わってから積極的に仕掛けよう。

基本 lecture 217 不安定な相場ではポジションを最小にする

■ 時流を代表する銘柄を持つと相場観がわかる

　株式投資において「買うべし売るべし休むべし」という有名な格言がある。日々売買を繰り返すのではなく、ときには売買を休んでじっくりと相場を観察することも大切だという意味だ。「休むも相場」という格言がある一方で、あまり休むと動けなくなるものだ。特にデイトレの場合は、値動きに対しての反応が遅く

なり手が出なくなる。

　また、株を持っていないと相場観がなくなるという人もいる。荒れた相場、苦手な相場が続いているときは休んだほうがよいが、荒れ相場が長期化しそうならポジションを最小に落として売買するとよいだろう。利益確定も損切りもいつもより少し早めを心掛けたい。相場の温度計になるような、時流の代表銘柄を持つと相場がわかりやすい。

応用 technique 218 固定概念を捨てて臨む

教科書どおり相場が動くとは限らない

投資がむずかしいのは、初心者向けの投資本などで紹介されている知識を学んでも、そのまま相場にあてはめて利益につながりづらいからだ。利益を出すためには一度基礎的な知識を学んだうえで、固定概念を外して相場を見ることが必要である。

例えば、チャートツールや教科書では移動平均線のパラメータとして5、25などが採用されることが多い。しかし、だからといってチャート上で価格がこれらの線に近づくと必ず反発したり、ゴールデンクロスになれば必ず上昇トレンドが発生するわけではない。

重要なのは、これらの定説を根拠にエントリーした人の立場から一歩引いて相場を観察することだ。

基本 lecture 219 相場に残って「誰でも儲かる相場」を待つ

10年に一度は誰でも儲かる相場が来る

デイトレを行っていると、当然長期投資に比べて取引回数も多くなるため、どうしても「今日〇〇円稼がないといけない」「今月〇〇円稼がないといけない」など目先の収益に注目してしまいがちだ。

しかし、そうした面にこだわりすぎると、トレードに適していない相場で無理に勝負を仕掛け、退場してしまう初心者も多い。相場を俯瞰的に見ると、過去のアベノミクス相場など「買っていれば誰でも儲かる相場」が10年に一度は発生する。重要なのは、こうした相場に切り替わったタイミングで、資産を大きく増やせるようにトレード資金を確保しておくという点だ。その意味でも、難しい相場では無理をせず、とにかく「生き残り、退場しないこと」を念頭に置く必要がある。

「買った後に株価が下がる」の状態を事前に防ぐ

「せこい」指値はトレンドで買いそびれる

個人投資家の「あるある」として、なぜか自分が買う銘柄は下がり、売る銘柄は上がるということがある。この状態を繰り返すと、「またエントリーしても下がりそうだ」と考えて利益を逃してしまいかねない。

これを防ぐため、可能な限り「買った直に下がった理由」を検証してみよう。考えられる可能性のひとつは、「現在値よりかなり安い価格で指値注文を出している」場合だ。この「せこい」指値が、約定してから株価を反対に動かせている。せこい指値では上昇トレンドでは買えず、下落トレンドに転換したタイミングで買うことになってしまう。つまり、わざわざ株価が下がるときに買い注文を出しているのだ。

ほかにも買った後に株価が下がる理由を検証し、その要因を避けてトレードを続けよう。

「せこい」指値はそのまま下がる

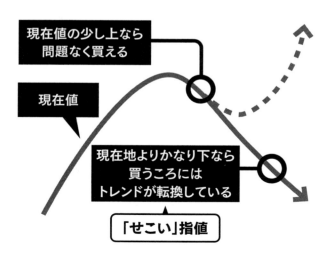

現在値の少し上なら問題なく買える

現在値

現在地よりかなり下なら買うころにはトレンドが転換している

「せこい」指値

応用
technique
221

勢いだけのトレードで
勝ってしまうと成長しない

JACK

成功だけしていても
投資家として成長しない

損失を出してしまうと、「すぐに取り戻したい」という気持ちが強くなり、普段なら行わない勢いだけのトレードを行ってしまいがちだ。そうしたトレードは根拠は薄く、失敗することが多い。しかし、その失敗の要因を検証して、自分に合った稼げる手法を模索するようになる。つまり、失敗することで投資家として成長できるということだ。

気を付けないといけないのが、損を取り戻そうとして勢いだけのトレードを行い、たまたまそれで勝ててしまったときだ。その成功体験は「自分に合った手法を探さなくても勝ててしまう」という慢心につながり、自分の弱点や強みがわからないままトレードを続けることになる。

そうした状態を避けるため、継続的に自身のトレードをメモし、検証を行おう。

勝っただけではトレードは上達しない

数年後

偶然成功が続いたため、新しく手法の研究などせずトレードを続けた

自分の強みや弱みを把握できず、投資家として成長できない

数年後

失敗が続いたため新しいトレード手法に挑戦し、検証を続けた

自分の強みを活かした手法を行い稼げるようになる

JACK氏の

地合いが
悪くても勝てる

上場後のIPO銘柄手法

どんなトレード
をする人？

✔ 投資・トレードの期間

デイトレおよびスイング

✔ 投資・トレードのスタイル

リバウンド
を狙う！

順張りおよび、下落局面での逆張り

✔ 売買の判断

ファンダメンタルズ分析が中心だが、株価位置も確認する

需給のバランスが崩れたタイミングが狙い目

IPO（新規株式公開）、PO（公募・売出）、立会外分売、TOB（テクニック061参照）、株主優待の新設といった特定のイベントが発生すると、需給のバランスが崩れ、今までと異なる株価の値動きとなる。そこに着目して現物買いと信用売りを組み合わせ、利益を積み上げていく。

例えばIPOであれば、上場後の初動で公募価格を超え高値を付けるような銘柄は初動に乗り買っていく。

逆に初動で公募価格割れをするような銘柄については、一旦下落が落ち着くのを待ちリバウンドの初動を拾っていく。

ここではIPOでの売買を解説する。

立会外分売 ▶ 取引所における取引時間外（売買立ち合い外）に、大株主などの大量の売り注文を多くの投資家に分売する方法

地合いが悪いIPO銘柄における初値買いのパターン

複数のパターンを想定しておく

IPOにおいて「初値が付いた後に株価が上がるか、あるいは初値が天井となり下落するのか」の予測は読みが難しく、下手をするとギャンブル的な投資になってしまう。そこで、IPOでは初値がついた後にどう動くかを事前にパターンとして持っておくとよい。

例えば、目当てのIPO銘柄と別の銘柄が同日上場が予定されていれば、投資家からの資金が分散されやすくな

る。このようなケースでは、IPO銘柄も市場予想より安く初値がつくことが多いため、セカンダリー（公開後）で株価が上昇することを見越した初値買いを行う（買いパターン①）。あるいはシンプルに公募割れした場合、株価下落後に発生するリバウンドを狙った買いエントリーを狙う（買いパターン②）。特に買いパターン②は下ヒゲ陰線が出た場合に有効だ。

地合いが悪いIPO銘柄の買いパターン

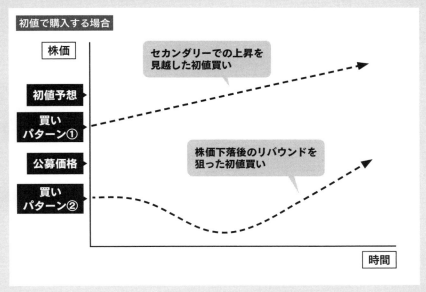

初値で購入する場合

株価

初値予想

買いパターン①

セカンダリーでの上昇を見越した初値買い

公募価格

買いパターン②

株価下落後のリバウンドを狙った初値買い

時間

公募割れ　　▶ 株式の公募価格より安い値が付くこと

イグジットの手法

地合いの悪いIPO銘柄でも
初日に焦って手仕舞いしない

翌日以降のリバウンドを待ってから決済

公募で獲得したIPOにおいては、地合いが悪く市場予想より安い初値がついた場合や、公募割れをしたIPO銘柄を買った後は、基本的に当日は売却を持ち越し、買い増しチャンスを伺う。

ある程度含み益が出ている場合でも慌ててイグジットをせずに、買い付け価格を下回らない限り、翌日以降も継続保有してより大きな利益を狙いにいく（下図参照）。

ただし、IPO直後に購入した銘柄がストップ高を付け、さらにその日の夜間取引でもそのストップ高の価格以上の株価になっているケースは、一気に株価が上昇しており、過熱感があり、その銘柄のさらなる上昇余地の可能性が低くなる。夜間取引のタイミングで売却をして持ち株の半分以上は利益確定をする。

上場翌日以降に株価がリバウンドした例
[ノバック（5079）　15分足　2022年3月〜2022年4月]

公募で獲得した場合

公募価格：3000円

公募割れしたこともあり上場初日は下落基調だが、このまま保有する

初値：2630円

2日目以降からリバウンドが始まったためここで利確

株価が下落したら
買い増しと損切りを繰り返す

下落時は3回に分けて買いを入れる

地合いが悪く市場予想より安い初値が付く場合や公募割れをしたIPO銘柄を購入した後、想定通りに上昇しなければ細かく買い増しを行い、それでも上昇しない場合に損切りする。

ルールとしては、大きく3回までの下値での買い増しを行い、さらに下げ止まらなようであれば4回目の下落を確認して、最初の1回目から順番にロスカットしていく。そうすることで最大6回目の下値まで粘れる。

ただし、この手法を実践するには買いたいIPO銘柄を最低でも3単元分買い付けができるよう投資資金も用意しておかなければならない。

なお、下落局面を想定した3回までの買い向かい、4回目からはロスカットをするこの手法は高配当株や優待株の買い向かいでも有効。

IPO銘柄の株価が下がったときの買い増しと損切りのイメージ

	株価	注文	株数
1回目	900円	買	＋100株
2回目	850円	買	＋100株 （計200株）
3回目	800円	買	＋100株 （計300株）
4回目	750円	売	－100株
		買	＋100株

安い価格で買い増しすることでリバウンド後の利益を増やす

1回目に買った株を損切りする

矢口新氏の チャート読解手法

特別な
ツールは不要!

どんなトレード をする人?

✔ **投資・トレードの期間**

個別株、日経225先物ミニで投資。

目の前で完結させるデイトレとスイング

✔ **投資・トレードのスタイル**

価格波動の山越え確認で売り、谷越え確認で買い。

売りも行う

✔ **売買の判断**

ローソク足の並びとフラクタル

テクニカル指標は
使わない

3つの時間足を同時に確認しながらチャートの山と谷を狙う

市場価格の値動きは、すべてローソク足に記録されている。それを1日単位でまとめたものが日足、1時間単位でまとめたものが時間足、1分単位でまとめたものが分足だ。

デイトレにおいては、日足、1時間足、15分足、5分足のチャートを同時に確認しながら、1分足でトレードする。1分足は5分足の5倍の情報量なので、売買の判断が容易になる。個別株においても、先物市場の注文板と歩み値も参考になる。1分足の価格波動（ローソク足の動き）の山越え（テクニック075参照）確認で売り、谷越え確認で買い。その売買を繰り返している。

フラクタル ▶ 自己相似性。どの時間足であっても、チャートが似た動きをする性質のこと。この性質により、ひとつの手法をどの時間足でも適用することが可能になる

山越えと谷越えを確認したら迷わずにエントリーする

株価の流れが転換したら素早く売買を始める

基本は「直前のローソク足の高値安値をともに切り下げれば売り、ともに切り上げれば買い」だ。こうした波動の山越え、谷越えの初動を判断できれば躊躇なく売買を始める。波動の途中から入る場合もあるが、波動がどこまで伸びるかはわからないため、株価が反対に動いた場合のリスク管理を考慮して、大きな損失とはならないと判断ができれば売買を行う。仮に年初来安値などを更新している場合、下げ止まりの目安がないため売買は行わない。

相場の興味深い点は、慎重であれば損失回避や利益拡大につながるとは限らないことだ。それどころか、タイミングを逃すことでリスクを大きくすることもある。そのバランスを取るために、「手掛かりがあれば躊躇しない。株価が反対に動けば迷わずに損切りする」という姿勢が重要だ。

高値・安値がどちらも切り下がった「山越え」のタイミング

[レーザーテック（6920）　1分足　2023年7月]

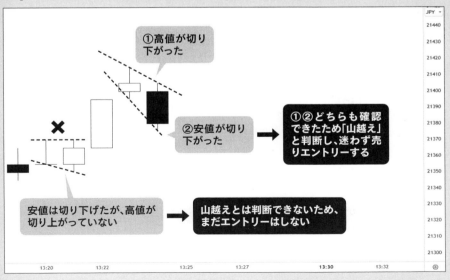

エントリー時と正反対の動きが見られたらイグジット

高値と安値の両方の切り上げ・切り下げが重要

波動が下げ続けている限り売り持ちを続け、波動が上げ続けている限り買い持ちを続ける。従って、前述の売買では目の前で動いているローソク足が直前のローソク足の高値安値を切り下げ続けている限り、売りを継続する。

イグジットのタイミングは、この条件の正反対の動きをしたときだ。「切り下げていたローソク足が切り上げに転じたとき」「切り上げていたローソク足が切り下げに転じたとき」にイグジットしよう。

はらみ線や抱き線（テクニック075、076参照）はこの条件に適していないため様子見となる。

高値・安値がどちらも切り上がった「谷越え」のタイミング
[レーザーテック（6920）　1分足　2023年7月]

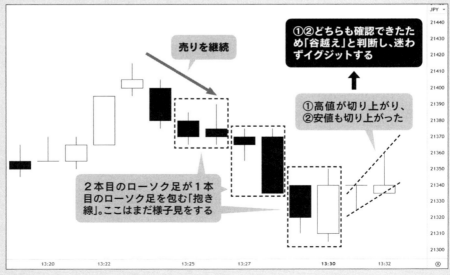

売りを継続

①②どちらも確認できたため「谷越え」と判断し、迷わずイグジットする

①高値が切り上がり、②安値も切り上がった

2本目のローソク足が1本目のローソク足を包む「抱き線」。ここはまだ様子見をする

予測と違う動きをしたら
すぐに手放すシンプルな損切り

手法に従い損失を抑える

　価格波動の山越え確認で売る場合、想定される値動きは「下落」である。反対に、谷越え確認で買う場合、想定される値動きは「上昇」となる。

　その想定が崩れるのは、山頂と見なした高値の上抜け、谷底と見なした安値の下抜けである。229ページでも触れたように、想定外の動きが現れたら、躊躇のない損切りが必要だ。

　また、230ページで触れた保有の条件「直前のローソク足の高値安値を切り下げれば売り継続」「切り上げれば買い継続」は、未来の価格の動きを予測する作業ではなく、目の前の動きに淡々と対処する作業であり、このルールに従うだけでよい。

　売りポジションを持つときにはっきりとした切り上げがあればイグジットを行う。この手法に従えば大きな損失を出さずに済むのが利点である。

「山越え」が失敗した際の損切り
[レーザーテック（6920）　1分足　2023年7月]

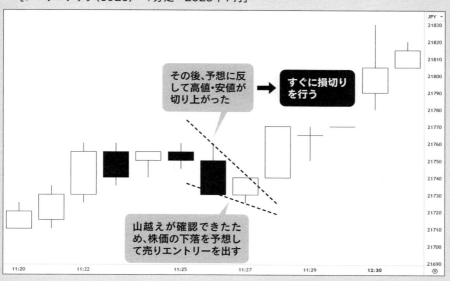

その後、予想に反して高値・安値が切り上がった　→　すぐに損切りを行う

山越えが確認できたため、株価の下落を予想して売りエントリーを出す

川合一啓氏の割安銘柄スイング手法

兼業でも使える！

どんなトレードをする人？

✔ 投資・トレードの期間

デイトレとスイングがメイン

✔ 投資・トレードのスタイル

買い、売りともに順張りがメイン

売から入ることもある

✔ 売買の判断

テクニカル分析がメイン

兼業時代に月間30〜40万円の利益を獲得

事業内容や決算などの材料を確認して注目銘柄を探しつつ、テクニカル指標で買いのポイントを探る。スイングトレードの際は日足ベースで売買を判断し、デイトレでは5分足など細かい時間足を使用している。

株式投資を始めたときは会社員として働いていたため、兼業でも稼ぎやすいスイングトレードを多く用いていた。特に、売られすぎた割安な銘柄を買う手法は会社員時代でも利用しやすく、当時からこの手法によって月間30〜40万円の利益を獲得できていた。

売られすぎ銘柄を探す
底値探知法

割安な銘柄をテクニカル指標で探す

　割安な銘柄の株価が上昇したタイミングで買いエントリーを入れられれば、大きな利益を狙うことができる。

　割安なまま放置されている銘柄を買ってしまうと、いつ株価が上がるかわからないまま時間だけがすぎてしまう。割安で、かつ株価の上昇が見込める銘柄を探すために、「日足ベースで25SMAと株価のかい離率（テクニック114参照）が−10％以上」「日足終値がボリンジャーバンド（テクニック104参照）の−2σより下」の条件に当てはまる銘柄を探す。

　その銘柄において、買いサインが出たらエントリーを行う。買いサインは、「陽線」であり、「高値が前日のローソク足より高い（高値の切り上げ）」ことが条件。これにより、割安な株価で上昇銘柄を買うことができる。

底値探知法の銘柄の条件と反転サイン
[ブックオフグループHD（9278）　日足　2023年1月]

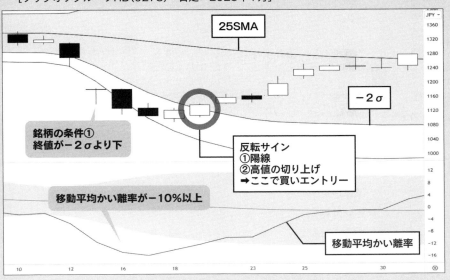

イグジットの手法

25SMAの位置まで上昇して
割安さが解消されたら利確

3〜4日で利確できることもある

　この手法での利益確定は「株価が25SMAに近づいたとき」が目安となる。

　SMAから下に大きくかい離した後はSMAに近づく値動き、つまり上昇するのがセオリーだ。最低限、25SMA付近までは株価の上昇が見込めることから利確のポイントとなる。

　また、下図のように下落で大きな窓が開いていた場合、開いた窓の分だけ株価が上昇する「窓埋め」が発生しやすい。こうした場面では、窓埋めしたタイミングを利確ポイントに設定することもできる。下図の場合、株価1109円でエントリーし、4日後の1238円になったタイミングで利確をすることになる。差額は129円。100株のみの投資でも、エントリー日を含め5日で1万2900円の利益となる。

2つのエントリーポイント
［ブックオフグループHD（9278）　日足　2023年1月］

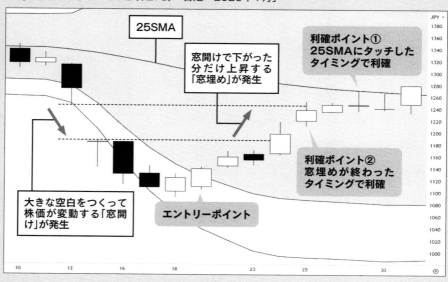

下げのブレイクアウトや
上昇の見込みがなければ損切り

反転サインが出ても売られ続ける可能性はゼロではない

この手法で想定される損切りが必要な場面は、売られすぎの状態から反転せず、さらに売られて株価が下がる場面だ。

下図の場合、エントリーポイントの前日に付いた安値を更新するとブレイクアウトと見なされ、さらに株価が下がる可能性がある。そのため、直近安値の少し下を損切りラインとし、ここを下げたら手仕舞いしよう。

また、損切りラインの手前まで下がり、小さく上がり、また下がる……といった状態を繰り返す可能性もある。こうした場合も、買いの勢いが弱く、利確ポイントまでの上昇に期待できないため損切りしておこう。

売られすぎの銘柄すべてが上昇に転じるわけではないため、スイングトレードであっても、万が一の下落に備えて株価の動向は確認しておきたい。

2つの損切りポイント

[ブックオフグループHD(9278) 日足 2023年1月]

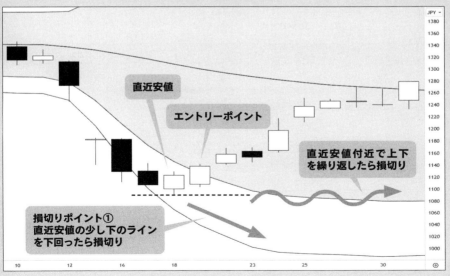

直近安値

エントリーポイント

直近安値付近で上下を繰り返したら損切り

損切りポイント①
直近安値の少し下のラインを下回ったら損切り

上昇する
銘柄がわかる！

ウルフ村田氏の テーマ株スイング手法

どんなトレード
をする人？

✔ 投資・トレードの期間

日本の小型株中心

特に
時価総額
30〜50億円
の銘柄

短期〜中期で投資

✔ 投資・トレードのスタイル

順張りのスイングトレードがメイン

✔ 売買の判断

出来高や売買代金に注目した銘柄選びと

SMAを使ったテクニカル分析

テーマ株や成長に期待できる小型株で勝負

成熟しきった大型株が5倍、10倍に成長することは滅多にないが、小型株のなかには急成長を実現する力を持つものがある。米国株にも急成長銘柄はあるが、情報収集の行いやすさから日本株を中心に投資している。話題性や人気が一時的な銘柄は短期で決済をする。業績やビジネスモデルに変化が

あり前述した大きな成長が見込めると判断した場合はスイングトレードを行う。

損失の少ない売買を行うには中長期的なトレンドの確認が必須だ。まず月足、週足でトレンドを確認し、堅調だと判断したうえで日足ベースで売買している。

ランキングを駆使した
人気の銘柄探し

3つのテーマで絞りつつ暴落も考慮する

　銘柄を選ぶ際はひとつの指標だけを見るのではなく、複数の指標から総合的に投資に適したものを探すのが望ましい。特に、テクニック035でも取り上げた「出来高急増ランキング」「売買代金ランキング」「ティック数ランキング」は強いトレンドを形成している銘柄選びによく役立つ。いずれも売買の活発さを示すランキングである。特に、大型株にまぎれて突如小型株がランクインすれば、大きな値上りに期待できるため要注目だ。

　ここから有望な銘柄を選択したら移動平均かい離率にも注目したい。これはSMAと現在値がどれだけ離れているかを示した指標であり、数値が大きいほどかい離が大きく、下落の可能性が高いことを示す。後述の損切り手法でも用いるが、銘柄選びの時点から注目できるとなおよい。

銘柄選びで注目するべき4つのポイント

出来高急増
ランキング

上昇トレンドの初動時に出来高が急増しやすいため、このランキングで上昇トレンドの初動となる銘柄を探す

売買代金
ランキング

売買が成立した金額が大きい銘柄がランクインするため、継続的なランクインはトレンドが継続しやすい

ティック数
ランキング

約定した回数が多い銘柄がランクインされるため、継続的なランクインはトレンドが継続しやすい

移動平均
かい離率

かい離率が大きい銘柄は急落の恐れがあるため、損失を抑えるためにも投資前に確認しておく

小型株でこの条件に合えばエントリー！

月足、週足のローソク足と SMAで勢いが衰えたら決済

トレンドの勢いが弱くなったらいったん離れる

強い上昇トレンドが生まれた銘柄は、短期で決済せずにスイングでトレンドが崩れるまで保有しておくことで大きな値幅を取れる。強い上昇トレンドの銘柄は、週足や月足で陽線が連続している。日足は陰線が混じりやすく、早急な売りの判断をしかねないため、方向性は週足や月足で必ず確認しよう。また、SMA（移動平均線）が右肩上がりであるかも確認したい。日足では5SMA、週足では9SMA（9週線）、月足では6SMA（6カ月線）で右肩上がりになっていれば堅調だ。

イグジットは、この勢いが崩れたタイミングで行う。移動平均線の向きが崩れ、週足で陰線が出てくれば勢いがなくなったと判断できる。

特に、月足で陰線が連続していたり、月足でローソク足がSMAの下を推移するときの売買は避けよう。

強い上昇トレンドが崩れたときに手放す
[上段：JTOWER(4485)　月足　2019年〜2021年]
[下段：JTOWER(4485)　週足　2019年〜2021年]

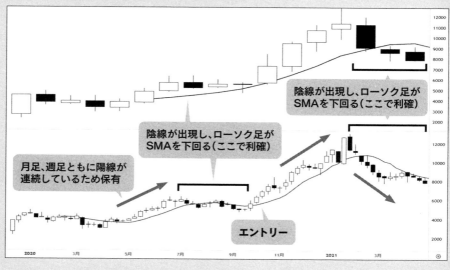

陰線が出現し、ローソク足がSMAを下回る（ここで利確）

陰線が出現し、ローソク足がSMAを下回る（ここで利確）

月足、週足ともに陽線が連続しているため保有

エントリー

急落に備えるため移動平均かい離率に注目する

基本スタンスはイグジットと同じ

基本的に堅調な銘柄に投資するため損切りになる機会は少ないが、成長を見込めると考えた銘柄であっても、大口投資家の大きな売りが入るなどの要因で急に下落に転じることがある。

イグジットの手法と同じように、SMAが横向き、または下向きになったり、陰線が増えたタイミングで手仕舞いしよう。

また、高値圏で急落が発生するかは移動平均かい離率を確認することで推測できる。東証プライムに上場している大型株のかい離率は20〜25%が急落発生の目安だが、小型株の場合、下図のヤマシナ（5955）のように100%を超えるケースもある。数値が大きいほどいつ下落してもおかしくないため、陰線の出現やSMAの向きも併せて確認しつつ、実際に下落する前に手仕舞いするのも一手だ。

移動平均かい離率が100%を超えた例
［ヤマシナ（5955）　日足　2023年5月17日〜6月12日］

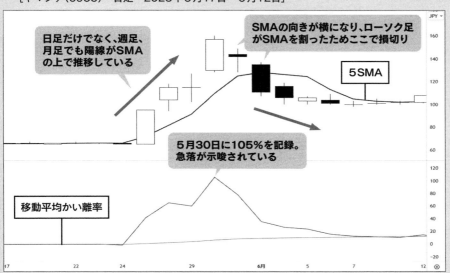

日足だけでなく、週足、月足でも陽線がSMAの上で推移している

SMAの向きが横になり、ローソク足がSMAを割ったためここで損切り

5SMA

5月30日に105%を記録。急落が示唆されている

移動平均かい離率

これならできる！
初心者なら株のデイトレでお金を増やしなさい！

2023年8月10日　発行

編集	榎元彰信
	（株式会社ループスプロダクション）
カバーデザイン	ili_design
本文デザイン・DTP・図版作成	竹崎真弓（株式会社ループスプロダクション）
制作にご協力いただいた識者・トレーダー	JACK ／ yasuji ／川合一啓／熊谷亮／藤本誠之／
	村田美夏／矢口新／ようこりん
再掲載テクニック提供識者・投資家	V_VROOM ／伊藤亮太／叶内文子／小池麻千子／
	立野新治／テスタ／戸松信博／メガヴィン

発行人　佐藤孔建
編集人　梅村俊広
発行・発売　〒160-0008
　　　　　　東京都新宿区四谷三栄町12-4 竹田ビル3F
　　　　　　スタンダーズ株式会社
　　　　　　TEL：03-6380-6132
印刷所　三松堂株式会社
e-mail　info@standards.co.jp

https://www.standards.co.jp/

●本書の内容についてのお問い合わせは、上記メールアドレスにて、書名、ページ数とどこの箇所かを明記の上、ご連絡ください。ご質問の内容によってはお答えできないものや返答に時間がかかってしまうものもあります。予めご了承ください。
●お電話での質問、本書の内容を超えるご質問などには一切お答えできませんので、予めご了承ください。
●落丁本、乱丁本など不良品については、小社営業部（TEL:03-6380-6132）までご連絡ください。

Printed in Japan

本書に掲載した会社名・商品名などは一般に各社の登録商標、または商標です。
本書の無断転載は著作権によりこれを禁じます。
©standards 2023

【お読みください】

本書は情報の提供を目的としたもので、その手法や知識について勧誘や売買を推奨するものではありません。
本書で掲載している識者・投資家の意見は、掲載テクニックに対してのものです。他の識者・投資家の掲載テクニックに対して意見するものではありません。
株式投資は、元本の補償がない損失が発生するリスクを伴います。本書で解説している内容に関して、出版社、および監修者を含む製作者は、リスクに対して万全を期しておりますが、その情報の正確性及び完全性を保証するものではありません。
実際の投資にはご自身の判断と責任でご判断ください。